传承

雨花英烈精神中学生读物

南京市雨花台烈士陵园管理局　南京市教育局　编

南京出版传媒集团
南京出版社

图书在版编目（CIP）数据

传承：雨花英烈精神中学生读物 / 南京市雨花台烈士陵园管理局，南京市教育局编. -- 南京：南京出版社，2021.9

ISBN 978-7-5533-3298-7

Ⅰ.①传… Ⅱ.①雨… ②南… Ⅲ.①革命传统教育－中国－中学－课外读物 Ⅳ.①G631.2

中国版本图书馆CIP数据核字（2021）第094716号

书　　名：传承——雨花英烈精神中学生读物
编　　者：南京市雨花台烈士陵园管理局　南京市教育局
出版发行：南京出版传媒集团
南 京 出 版 社
社址：南京市太平门街53号　　邮编：210016
网址：http://www.njcbs.cn　　电子信箱：njcbs1988@163.com
联系电话：025-83283893、83283864（营销）　025-83112257（编务）

出 版 人：项晓宁
出 品 人：卢海鸣
责任编辑：焦　博　冯展君
装帧设计：王　俊
责任印制：杨福彬

排　　版：南京新华丰制版有限公司
印　　刷：南京爱德印刷有限公司
开　　本：787毫米×1092毫米　1/16
印　　张：7
字　　数：103千
版　　次：2021年9月第1版
印　　次：2021年9月第1次印刷
书　　号：ISBN 978-7-5533-3298-7
定　　价：29.00元

编 写 组

组　　长　范　斌

成　　员　（以姓氏笔画为序）

王　磊　许开红　沈　波

贾　玮　夏　群　曹金龙

给同学们的一封信

亲爱的同学们：

位于南京城南的雨花台自古就是江南登高览胜之佳地。在明代，雨花台被列为“金陵十八景”之一；到了清代，“雨花说法”“木末风高”都是画家笔下的“金陵四十八景”之一。但是，在新民主主义革命时期，这里却成了北洋军阀和国民党反动派屠杀革命志士的刑场，在这里遇难的共产党人和爱国志士成千累万。这些英烈大多集书生与战士特质于一身，生前家庭经济条件都较好，有的甚至非常优越，但他们没有耽于享乐，而是为了劳苦大众的利益，毅然走向革命，抛头颅、洒热血；他们大多受过良好的教育，有些人还受过高等教育甚至有留学经历，但他们奋起读书，不是为了升官发财、飞黄腾达，而是为了救国图强、救民于水火；他们也有父母、伴侣、儿女，被捕之后，他们只要放弃信仰，就有生的机会，但他们为了坚守初心、为了实现民族独立和人民解放，都义无反顾地选择了牺牲。

2014 年 12 月，习近平总书记在江苏考察期间指出：“在雨花台留下姓名的烈士就有 1519 名。他们的事迹展示了共产党人的崇高理想信念、高尚道德情操、为民牺牲的大无畏精神。”雨花英烈精神是中国共产党人坚持真理、坚守理想，践行初心、担当使命，不怕牺牲、英勇斗争，对党忠诚、不负人民的伟大建党精神的集中生动体现。

雨花英烈牺牲时平均年龄不到 30 岁，最小的只有 16 岁，他们用生命诠释了中国共产党人的初心使命、理想信念和家国情怀，他们是当时青少年的楷模，也应该成为当代青少年的楷模。重温雨花英烈的英勇事迹，可以传承他们伟岸的精神，为自我的成长助力；可以深入学习了解党史，做到学史明理、学史增信、学史崇德、学史力行。

“我是一颗小小的石头，深深地埋在泥土之中；我愿铺起一条五彩的路，让人们去迎接黎明迎接欢乐……”这首 20 世纪 80 年代初电视剧《红红的雨花石》的插曲，曾激励着父辈传承雨花英烈精神，为振兴中华而奋勇向前。今天的青少年一代，也应当继承革命英烈实现民族复兴的遗志，接过父辈传承雨花英烈精神的火炬，为中华民族的振兴立下高远志向，并付诸行动。

“雨花沃血存浩气，凌霜傲雪绽红梅！”肃立在雨花台烈士陵园的革命烈士纪念碑前，能看到一座青铜圆雕像前长明灯火焰熊熊。这长明灯象征着雨花英烈精神永不灭，象征着雨花英烈精神会在一代代青少年身上永远传承。

编者

2021 年 8 月

目 录

上篇　学习雨花英烈精神　/ 001

第一章　雨花英烈精神的思想内涵　002

第二章　雨花英烈精神的时代价值　008

第三章　雨花英烈精神的当代传承　012

中篇　追寻雨花英烈足迹　/ 015

第一章　崇高的理想信念

第一节　追随真理踏征程 ……………… 016

第二节　坚守理想抒胸怀 ……………… 024

第三节　捍卫信仰不动摇 ……………… 032

第二章　高尚的道德情操

第一节　斗争烈焰炼修养 ……………… 040

第二节　救国救民担肩上 ……………… 048

第三节　恪守忠诚成大义 ……………… 056

第三章　为民牺牲的大无畏精神

第一节　艰难困苦视等闲 ……………… 063

第二节　为了大我舍小我 ……………… 071

第三节　坚守初心勇牺牲 ……………… 078

下篇　践行雨花英烈精神　/ 087

第一章　传承红色基因　088

第二章　强化责任担当　092

第三章　践行报国之志　095

后记　/ 104

上篇

学习雨花英烈精神

雨花英烈是一个广义的烈士群体，它包括在新民主主义革命各个历史阶段，在雨花台和南京狱中、南京其他地方被内外敌人杀害的共产党人和爱国志士，以及少数在外地牺牲、新中国成立后迁葬到雨花台的革命烈士。其中，绝大多数是中国共产党人。他们的事迹展示了共产党人的崇高理想信念、高尚道德情操、为民牺牲的大无畏精神。

雨花英烈精神的思想内涵是什么？雨花英烈精神的时代价值有哪些？我们在当代应当如何续写雨花英烈精神的时代新篇章？这些问题都值得我们每一位青少年思考。

第一章　雨花英烈精神的思想内涵

江苏南京中华门外，有一座松柏环抱的秀丽山岗，叫雨花台。从 1926 年到 1949 年南京解放，成千累万的革命英烈在这里抛头颅、洒热血，为中国人民的解放事业英勇献身，为新中国的诞生慷慨捐躯。雨花英烈用青春、鲜血和生命铸就了彰显共产党人道德高度和赢得民心的伟大精神——雨花英烈精神。我们如何理解雨花英烈精神的思想内涵呢？

政治灵魂：崇高的理想信念

坚定马克思主义信仰和共产主义理想信念，真正做到为理想信念而献身是雨花英烈精神的真实写照。雨花英烈在风雨如磐的漫长革命道路上，信仰如山、矢志不渝、勇往直前，他们始终把实现共产主义作为自己的理想追求，并在奋斗中不断将其升华为理想信念。雨花英烈中绝大多数是共产党人，他们大多是在二十世纪二三十年代入党的。那时，中国正处在充满危机、前景未卜的革命年代，正是伟大的信仰和坚定的理想决定了他们的政治选择与人生道路。他们在加入中国共产党后，致力于中国革命理论和道路的探索，参与或领导了许多重大革命活动，在中国工人运动和青年运动史上留下了他们光辉的名字。大革命失败后，在中国共产党革命处于低潮、出现错误路线的严峻考验面前，他们坚持真理，不计得失，无怨无悔，战斗不止，并为革命流尽最后一滴热血。

刘亚生

时任八路军三五九旅政治部副主任的刘亚生在牺牲前仍牢记着自己崇高的理想信念。他对身边的难友说："我可能看不到咱们盼望的那个世界了。有机会请你转告党和同志们，我时刻想念着他们，我马上就要和他们永别了。唯一值得自慰的是，我始终保持了共产党员这个称号的尊严。但我不能以自己有限的生命，为党做更有价值的贡献却是最遗憾不过的了！"

陈理真

时任中共沪东区委书记的陈理真在临刑前被问道"如果现在放你出去，你将干什么"，他斩钉截铁地回答："干共产党！""干共产党"便是他的坚定信仰。他用自己革命的一生，践行了共产党的宗旨，完成了党和人民赋予的光荣使命。雨花英烈正是秉承这样的理想信念，才能不畏革命道路的艰险，并为了自己坚守的初心献出了宝贵的生命。

雨花英烈中许多人没有给后人留下详尽的生平事迹，有的只留下一个名字，还有更多的烈士甚至连姓名也没有留下。但在中国革命的漫漫长夜中，他们每一个人都是一颗闪亮的星，他们的伟大生命散发了信仰之光、理想之光，照亮了中国继续前行的道路，鼓舞和激励着共产党人和亿万人民为实现民族复兴的伟大理想而战斗不息。

相关链接

习近平总书记指出："坚定理想信念，坚守共产党人精神追求，始终是共产党人安身立命的根本。对马克思主义的信仰，对社会主义和共产主义的信念，是共产党人的政治灵魂，是共产党人经受住任何考验的精神支柱。"

精气真髓：高尚的道德情操

雨花英烈生前所坚持的崇高理想信念，铸就了他们高尚的道德情操。他们对待自己、对待他人、对待社会的思想和行为，就充分地展示了他们的廉洁自律、俭朴热忱，不求名利、乐于清贫，甘于奉献、大公无私，一心为民、忠贞报国。正是有了这些高尚的道德情操，才有了雨花英烈崇高的革命气节和壮丽人生。高尚的道德情操是雨花英烈精神的精气真髓，也映照着中国共产党人的初心使命。

吕惠生

“不要钱，出气力”这六个字，体现了雨花英烈吕惠生为人行事的两大准则：一是廉，二是勤。清清白白为人，兢兢业业做事，贯穿了他的一生。1943 年 10 月，吕惠生在担任抗日民主政府皖中水利委员会主任时，领导军民建设皖中抗日根据地内最大的水利工程——黄丝滩长江大堤建设工程。怀着对工作和百姓的高度责任感，吕惠生亲临现场勘查，甄选最佳方案，精心制订规划，悉心组织施工。

中学生在雨花台烈士陵园参加祭奠烈士活动

从工程破土动工到竣工，他和几十万民工同生活、共战斗，呕心沥血，风餐露宿。在大堤修建过程中，他对每一项开支和举措都进行详尽的规划和记载，时刻以“廉”要求自己和部下。为了表彰吕惠生在工程中的杰出贡献，皖中行政公署决定将这条大堤命名为“惠生堤”。吕惠生为抗日根据地的财政经济、文教卫生等各项政务做了大量工作，成绩斐然，但他一贯谦虚谨慎，严格要求自己。他在日记中写道：“我深深知道，我是很不够格来担任这样一个名义和职务，党和首长们对于我总算是特殊又特殊。我若不加紧报以工作，我也心不安……因此，三更灯火五更鸡，累断命根也不迟疑了。生命只是一条在此，干罢！鞠躬尽瘁，死而后已。”吕惠生将“我之全家已委托全部生命于革命”，自觉做到严于律己、勤于公事、为民造福。1945 年抗日战争胜利后，吕惠生不幸被捕。面对敌人的威逼和严刑拷打，他从未屈服。

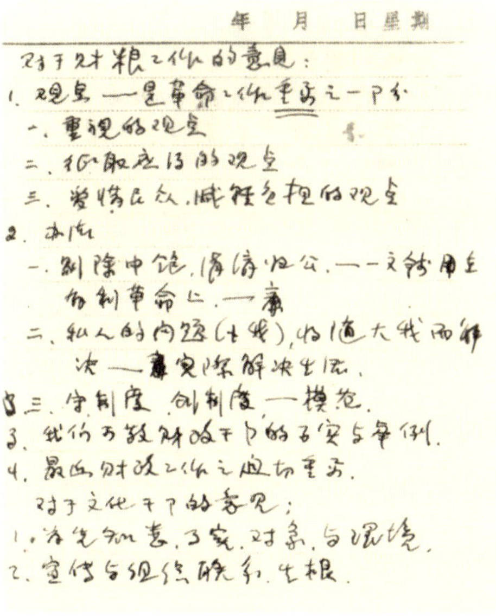
年 月 日 星期
对于财粮工作的意见：
1. 观点——是革命工作重要之一部分
一、重视的观点
二、积极负责的观点
三、爱护民众，减轻负担的观点
2. 态度
一、剔除中饱，涓滴归公，——文钱用在为利革命上——廉
二、私人的问题(小我)，归结大我而解决——真实际解决生活
三、守制度，创制度——模范

吕惠生手记

雨花英烈之所以能够视死如归，用青春、生命、鲜血去实现心中的宏伟理想，就在于他们拥有忠于人民、忠于国家、忠于革命的高尚情怀。这种高尚的道德情操，使他们在有限的生命里绽放出无限的光芒，成为“富贵不能淫，贫贱不能移，威武不能屈”的道德楷模。

相关链接

习近平总书记指出：“中华民族在长期实践中培育和形成了独特的思想理念和道德规范，有崇仁爱、重民本、守诚信、讲辩证、尚和合、求大同等思想，有自强不息、敬业乐群、扶正扬善、扶危济困、见义勇为、孝老爱亲等传统美德。中华优秀传统文化中很多思想理念和道德规范，不论过去还是现在，都有其永不褪色的价值。”

崇高情怀：为民牺牲的大无畏精神

雨花英烈是新民主主义革命时期无数革命烈士中的一个特殊群体，他们的人生轨迹和英勇事迹诠释了共产党人的崇高情怀——为民牺牲的大无畏精神。雨花忠魂镌刻的是“为民牺牲”，他们为了人民的利益牺牲了自己的一切，包括宝贵的生命。

南京晓庄十烈士之一的姚爱兰于1928年夏入晓庄师范小学部读书，1929年初加入中国共产主义青年团。1930年4月学校被国民党反动当局查封后，她仍坚持斗争，后被敌人逮捕。在狱中，敌人施尽种种酷刑逼她招供，可她始终只说一句话：“我是共青团员，可惜还不是共产党员，但是我要像共产党员那样去战斗，像共产党员那样为穷苦百姓英勇献身！”

上海中学学生联合会负责人曹顺标于1928年加入中国共产主义青年团，1932年7月在上海筹备与参加“江苏反帝代表大会”时被捕。为了保护其他同志,曹顺标承认了自己的身份,也承担了所有“罪责”。预感到自己将会牺牲，曹顺标在狱中向难友吐露心声：“死是没有什么可怕的，我自从入团的那天起，就准备随时牺牲。如果我死了，只有两件事感到遗憾:一件是，再不能革命了；还有一件是，我只活了十九年，还没有恋爱过。”

雨花英烈中绝大多数人，是在被捕后英勇就义的。慷慨赴死易，从容就义难。在敌人的铁窗炼狱中，在远离组织的特殊情境下，在各种形式的威逼利诱前，他们经受住了肉体和灵魂上的严酷考验。他们中的许多人，尤其是那些风华正茂的年轻革命者，倘若有一点动摇的表示，便可以走出死亡的阴霾。但是

相关链接

毛泽东曾指出：“中国人民正在受难，我们有责任解救他们，我们要努力奋斗。要奋斗就会有牺牲，死人的事是经常发生的。但是我们想到人民的利益，想到大多数人民的痛苦，我们为人民而死，就是死得其所。”

在人生最为严峻的生死抉择的考验面前，雨花英烈以实际行动书写了舍小我铸大我的人生答卷，彰显了共产党人为民牺牲的家国情怀和大无畏的革命品质。雨花英烈并非不食人间烟火，他们也有情有义、有血有肉，珍爱人生、热爱生活，渴望亲情、憧憬爱情，但是在民族危亡之际，他们心中装着的是大爱——对国家、民族和人民的爱。他们中的每一个人，都为振兴中华、造福人民流尽了最后一滴血。雨花英烈最令人敬仰和信服之处，就是他们用自己宝贵的生命为理想信念作证，为党和人民的事业奠基。这是人格的力量、初心的力量、信仰的力量。

习近平总书记在庆祝中国共产党成立 100 周年大会上指出："一百年前，中国共产党的先驱们创建了中国共产党，形成了坚持真理、坚守理想，践行初心、担当使命，不怕牺牲、英勇斗争，对党忠诚、不负人民的伟大建党精神，这是中国共产党的精神之源。""一百年来，中国共产党弘扬伟大建党精神，在长期奋斗中构建起中国共产党人的精神谱系，锤炼出鲜明的政治品格。历史川流不息，精神代代相传。我们要继续弘扬光荣传统、赓续红色血脉，永远把伟大建党精神继承下去、发扬光大！"作为中国共产党在诞生时就形成的一种革命精神，雨花英烈精神以其丰富深刻的历史底蕴、光辉卓绝的道德典范、坚贞不屈的牺牲精神，成为中国共产党革命精神谱系的重要组成部分。新时代青少年要认真学习雨花英烈精神，深刻领会伟大建党精神，感悟伟大历史成就，从而不断增强做中国人的志气、骨气、底气。

相关链接

革命不可能没有牺牲，死是为了人民更好的生，共产党员为革命而死是光荣的。

——石俊在临刑前对难友说的话

第二章 雨花英烈精神的时代价值

榜样的力量是无穷的。雨花英烈精神是中国共产党人在实现革命理想过程中形成的超越时空的精神品质，对于新时代青少年学生不忘初心、坚定理想信念、增强文化自信、培育和践行社会主义核心价值观，具有重要的现实意义。

高扬理想风帆，汲取信仰力量

青年兴则国家兴，青年强则国家强。青年一代有理想、有本领、有担当，国家就有前途，民族就有希望。雨花英烈牺牲时大多处在青春年华，他们用自己的青春,扬起了拯救民族危亡的前行风帆。雨花英烈之所以能坚定理想信念，矢志不渝、勇于斗争、不惧牺牲、甘于奉献，根本就在于他们拥有坚定的马克思主义信仰和共产主义信念。新时代青少年学生应继承雨花英烈遗志，从雨花英烈精神中汲取信仰力量，坚定对马克思主义的信仰、对中国特色社会主义的信念、对中华民族伟大复兴中国梦的信心，高扬起新时代的理想风帆，担当起新时代赋予的光荣使命。

相关链接

2019年4月30日，习近平总书记在纪念五四运动100周年大会上的讲话中对新时代中国青年提出了六点要求：

第一，新时代中国青年要树立远大理想。

第二，新时代中国青年要热爱伟大祖国。

第三，新时代中国青年要担当时代责任。

第四，新时代中国青年要勇于砥砺奋斗。

第五，新时代中国青年要练就过硬本领。

第六，新时代中国青年要锤炼品德修为。

高二学生开展“忆峥嵘岁月 颂盛世今朝”庆祝新中国成立70周年诗朗诵活动

丰富红色文化，坚定文化自信

雨花英烈中大多数人出生于晚清或民国初年，他们在少年或青年时期大多深受中华优秀传统文化的熏陶。胡秉铎学生时代的座右铭是“齐家治国平天下，由吾辈担当”。晋夫生前为了时刻勉励自己，在日记本上抄录了鲁迅的“横眉冷对千夫指，俯首甘为孺子牛”，并将其作为座右铭。他用生命表达了自己的志向：甘愿做无产阶级和人民大众的“牛”，鞠躬尽瘁，死而后已。毫无疑问，雨花英烈身上流淌着中华优秀传统文化的血脉，他们是中国优秀传统文化的忠实传承者和弘扬者，是中国先进文化的积极引领者和践行者。雨花英烈精神饱含了革命先烈用血肉之躯铸就的宝贵红色文化基因，蕴含着丰富的理想信念教育资源。为此，我们要讲好雨花英烈故事，弘扬雨花英烈精神，进而丰富红色文化的内涵，为红色文化传承注入新的活力，进一步坚定中国特色社会主义文化自信，增强国家文化软实力。

相关链接

党的十九大报告指出："推动中华优秀传统文化创造性转化、创新性发展，继承革命文化，发展社会主义先进文化，不忘本来、吸收外来、面向未来，更好构筑中国精神、中国价值、中国力量，为人民提供精神指引。"

中学生在雨花台烈士陵园参加清明追思活动

弘扬家国情怀，践行核心价值观

雨花台成千累万的革命先烈，虽然他们有不同的性别、不同的年龄、不同的籍贯、不同的身份、不同的学历，但他们却有共同的精神特质——以天下兴亡、人民幸福为己任的家国情怀和责任担当。这种浓浓的家国情怀，这种强烈的责任担当早已融入他们的血脉之中。新时代青少年学生要以雨花英烈为榜样，将这种情怀担当融入社会主义核心价值观的践行中，把个人理想融入民族复兴梦想之中，把个人前途和祖国命运紧密结合起来，为实现中华民族伟大复兴的中国梦肩负起自己的责任与担当，勇当走在时代前列的奋进者、开拓者、奉献者。

相关链接

2014 年 5 月 4 日，习近平总书记在北京大学师生座谈会上指出，广大青年树立和培育社会主义核心价值观，要在以下几点上下功夫：一是要勤学，下得苦功夫，求得真学问；二是要修德，加强道德修养，注重道德实践；三是要明辨，善于明辨是非，善于决断选择；四是要笃实，扎扎实实干事，踏踏实实做人。

中学生在雨花台烈士陵园举行“成人礼”

第三章　雨花英烈精神的当代传承

雨花英烈精神是南京的红色文化名片，它不应仅仅珍藏在纪念馆，也不应仅仅展示在特定的纪念日，而更应该融入时代气息。我们人人都应该成为雨花英烈精神的传播者和弘扬者，续写雨花英烈精神的新篇章。

将雨花英烈精神与自觉成长相结合

青少年阶段是人生的拔节孕穗期，要给自己心灵埋下真善美的种子，扣好人生的第一粒扣子。因此，青少年应将雨花英烈精神融入自觉成长中，并将其内化为自觉意识和行为。我们可借助信息技术手段，搜集雨花英烈的相关资料，将其制成多媒体课件、微视频、微专题等资源并进行交流宣讲，把红色基因有

中学生在雨花台烈士纪念馆进行入团宣誓

机融入日常学习中；可参与红色主题教育活动，将雨花英烈精神融入日常的主题班会、主题团队会、社团活动中，让雨花英烈精神成为“红色精神食粮”，滋养自己的心灵。

将雨花英烈精神与校园文化相结合

校园环境是青少年生活和学习的关键场域。良好的校园文化氛围可以让青少年在潜移默化中学习知识、认同价值，进而形成正确的世界观、人生观和价值观。我们可以参加学校举办的以雨花英烈精神为主题的校园文化活动，如“弘扬红色文化　传承英烈精神”演讲比赛、“穿越时空　对话英烈”征文活动、雨花英烈事迹情景剧展演活动、雨花英烈红色家书朗读和品析活动等，在丰富的校园文化活动中进一步深化对雨花英烈精神的理解，增强自身的民族自豪感和爱国主义情怀。

中学生开展“红色朗读者”活动

将雨花英烈精神与社会实践相结合

雨花英烈精神不是书写在纸上的美丽辞藻，而是先烈为完成不朽的革命事业用生命铸就的伟大民族精神，具有丰富的实践价值。社会实践是弘扬和体验红色文化的重要途径。我们可以走出校门，充分利用红色资源，到雨花台烈士陵园等红色遗址、遗迹及革命纪念场馆参观学习，追寻雨花英烈的光辉足迹，体会雨花英烈临危不惧、舍生忘死的革命精神，从中受到熏陶，更加珍惜今天来之不易的美好生活。

南京市青少年“四史”学习教育示范推进现场会

中学生在雨花台烈士陵园开展团日活动

活动：探究雨花英烈精神的不朽价值

新民主主义革命时期，南京雨花台是中国共产党人和爱国志士的集中殉难处。从 1926 年到 1949 年南京解放，在这充满危机、艰苦卓绝的革命奋斗历程中，成千累万的革命英烈在雨花台抛头颅、洒热血，为中国人民的解放事业英勇献身，为实现社会主义和共产主义的理想慷慨捐躯，“雨花英烈”是在那段腥风血雨历史中涌现出的一个英雄群体。雨花英烈中的许多人是知识分子，受过良好的教育，有些还有留学经历，但他们没有把读书作为升官发财的阶梯，而是把读书作为探寻真理、坚定信仰的途径；有许多人家境殷实，但他们并没有躺在家庭的暖窝中，而是为挽救民族危亡艰苦奋斗，直至牺牲自己的生命。雨花英烈牺牲时大多处于青春年华，平均年龄不到 30 岁，最小的仅 16 岁，却义无反顾地投身革命事业。雨花英烈虽然有着不同的性别年龄、不同的家庭背景、不同的社会身份，但他们都坚守同一个信仰——对马克思主义的信仰，对社会主义和共产主义的信念，践行同一种精神——为国家和人民利益，不惜付出鲜血和生命。

新时代的中国青少年，欣逢盛世。然而，在物质丰盈的当下，有些人却认为崇高的理想信念、高尚的道德情操、为民牺牲的大无畏精神是战争年代的产物，没必要学也学不了。请思考出现这种危险想法的原因，并结合雨花英烈的英雄事迹，谈谈解决的办法。

中篇

追寻雨花英烈足迹

是什么让雨花英烈放弃了舒适的生活，走上充满荆棘的革命之路？是什么让雨花英烈在生死抉择的时刻，毅然决然地舍生取义？是为中国人民谋幸福，为中华民族谋复兴的理想召唤他们，召唤他们担负起时代的重任；是马克思主义的旗帜为他们指明了革命道路，指引他们忠诚党的事业不怕牺牲；是对共产主义的坚定信仰给了他们必胜的信心，给了他们不畏牺牲的勇气和力量。

第一章　崇高的理想信念

第一节　追随真理踏征程

追忆雨花英烈

依照马列主义，好教宇宙重新

谢文锦，1894 年出生于浙江永嘉一个世代耕读的家庭。1921 年加入中国共产党，1927 年 4 月参加中共南京地委紧急扩大会议时被捕，后遭国民党反动派秘密杀害，时年 33 岁。

“欲安天下苍生，端赖同志齐心，依照马列主义，发动群众斗争，打倒列强军阀，好教宇宙重新。”这是党的早期活动家、中共南京地下组织早期负责人之一谢文锦在宣传革命时写下的誓言，表达了一代革命先驱的志向与愿景。

谢文锦

谢文锦在永嘉广化高小读书期间，从具有民主革命思想的老师那里，了解到中华民族正受到列强欺压的现实，由此种下了爱国自强的种子。在浙江省立第一师范学校读书时，他努力探求新文化、新思想，把救国、强国视为自己的最高使命。

1919 年，谢文锦来到上海，进入陈独秀创办的《新青年》杂志社工作。该杂志社云集了上海早期的共产党人和革命知识分子。《新青年》是中国共产党的公开理论刊物，是宣传马克思主义基本理论的阵地。《新青年》的工作使谢文锦初步学习了解了科学社会主义理论，看到了改变中国命运的希望。

谢文锦参加了上海共产党早期组织创办的第一所培养革命干部的学校——外国语学社，他在这里读的第一本书就是《共产党宣言》。书中的“全世界无产者，联合起来”这一口号点燃了谢文锦心底的理想火炬。在接受马克思主义理论的同时，他还经常深入工人群众，了解群众疾苦，宣传革命思想，帮助工人建立基层工会组织。在不断结合理论学习和革命实践的过程中，谢文锦把关注点转移到劳苦大众一边，同时也加深了对马克思主义的理解。这段工作和学习经历，使谢文锦从一位满腔热情的爱国主义者成长为马克思主义真理的追随者，成长为一名坚定的无产阶级战士。

1921 年，谢文锦与外国语学社的其他 20 多位同学一起，从上海出发，长途跋涉，克服重重困难，前往苏联莫斯科东方大学学习。在莫斯科，谢文锦亲眼看见在共产主义精神感召下，人们所焕发出的昂扬斗志。他深受感染，勤奋学习，阅读了大量马克思和列宁的经典著作。

学成回国后，谢文锦积极投身于革命事业。1924 年，受组织派遣，他回到家乡温州，采用探亲访友、开座谈会、在大会上演讲等多种形式，宣传马克思列宁主义，宣传中国共产党的纲领，指出只有推翻封建军阀的统治、赶走帝国主义，中国人民才能获得新生。在他的影响下，浙南地区的第一个党组织得以建立。对于农民运动，谢文锦也有自己的见地。1925 年 4 月，他在《新青年》纪念列宁专号上发表《列宁与农民》一文，系统介绍列宁关于农民问题的论述。1926 年 7 月，谢文锦任中共南京地委书记。1927 年 4 月 10 日夜，谢文锦参加中共南京地委紧急扩大会议时被捕，数日后牺牲。

其实社会主义只不过要使大家能得到平等的幸福罢了

侯绍裘，1896 年出生于江苏松江的一个地主家庭，1923 年加入中国共产党，1927 年 4 月参加中共南京地委紧急扩大会议时被捕，后遭国民党反动派秘密杀害，时年 31 岁。

侯绍裘

侯绍裘自幼勤奋好学，博览群书。他尤其爱读历史书，崇敬民族英雄，常在本子上描绘岳飞、文天祥等英雄的形象，从小就受了爱国思想的熏陶。

1919 年，五四运动爆发，此时的侯绍裘正在上海南洋公学读书。他积极行动起来，在学校组织了“救国十人团”，并组织各种爱国活动，起草传单内容、拟定爱国口号，发表爱国演讲，带领同学走上街头游行示威。爱国的侯绍裘迫切需要新思想指引他找到救国图强的道路，此时的《新青年》对他产生了巨大影响：

我现在不得不承认《新青年》一书，于我思想上、人格上的影响最大，别部书没有一部能够及它的。而且至今还信仰它，每逢没有看过它的朋友，便要介绍给他看。

在接触了马克思列宁主义后，侯绍裘的信仰由民主主义发展到共产主义。在这一过程中，他也走过弯路。一开始，他同时相信马克思主义和无政府主义，主张以暴力破坏一切，打算弄一个炸弹去暗杀军界要人和资本家，以自己肉体的牺牲来解除工人的痛苦。但现实教育了他，让他明白无政府主义解救不了所有的劳苦大众。于是，他开始努力探求马克思列宁主义，同时注意研究俄国革命的历史和十月革命的经验，与“救国十人团”中的同学一起热烈探讨改变社会制度的必经步骤。

五四运动中，侯绍裘看到了工人阶级的品质和威力，认识到了要救国必须依靠工人。同时，他也发现工人没有文化会影响斗争，认为要依靠工人就必须使工人增进知识、提高觉悟。他积极行动，和同学一起创办了上海学联工界第一所义务学校——南洋义务学校，对工人进行爱国宣传和社会主义教育，唤起工人的觉悟。他把义务学校与工人运动相结合，努力把学员培养为工人运动中的中坚力量，希望能够以一人影响百人，壮大工人阶级的力量。

《松江评论》

1924 年，伟大的革命导师列宁病逝，侯绍裘在自己担任主编的《松江评论》上发表了《列宁传略》，介绍了俄国的十月革命胜利和建立、巩固劳农专政的历史，宣传中国革命必须以马克思列宁主义为指导，走十月革命的道路。

经历过五四运动的洗礼，研读了大量革命理论书籍，在与工人阶级并肩战斗的过程中，侯绍裘真正认识到“其实社会主义只不过要使大家能得到平等的幸福罢了”，从而在思想上完成了从爱国主义到民主主义再到共产主义的转变。

大革命时期，侯绍裘领导上海学界投入五卅反帝爱国运动，担当起中共在江苏领导工农革命运动和国共合作工作的重任，推动国民革命运动的发展。1927 年，面对国民党反动派的残酷镇压，他无所畏惧，与国民党反动派进行坚决斗争，最后被秘密逮捕后惨遭杀害。

我的灵魂是追随着你，追随着我们鲜明的旗帜

谭寿林，1896 年出生于广西贵县一个农民家庭。1924 年加入中国共产党，1931 年 4 月在上海恢复工会组织时被捕，同年 5 月英勇就义于南京雨花台，时年 35 岁。

谭寿林

谭寿林是中共广西地方组织早期的主要领导人，后任中华全国总工会秘书长。他从小就对当地权贵和贪官污吏欺压百姓的行为十分不满。“天下有事，丈夫当以功济四海。”这是时为中学生的谭寿林在作文《丈夫当以功济四海论》中写的话，抒发出他担当天下、改造世界的宏伟志向。他在这篇作文还写道：“今日之中国，正当多事之秋也。外

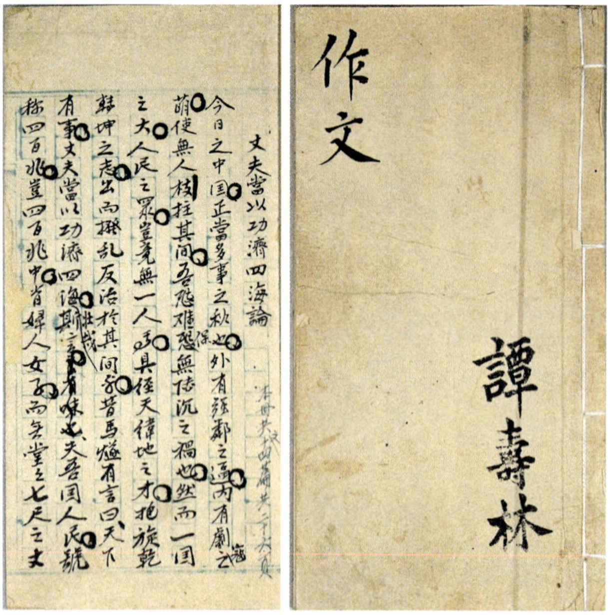

谭寿林在中学时期的作文

有强邻之逼，内有剧寇之萌，使无人枝拄其间，吾恐难保无陆沉之祸也。”

1921 年，谭寿林考入北京大学英文预科班。在北大读书期间，他系统地接受了马克思列宁主义，大力宣传马克思、列宁所主张的通过无产阶级暴力革命建立人民民主新政权的思想理论，并加入由李大钊、黄日葵等人领导的马克思学说研究会。在此期间，他还创办了半月刊《桂光》，积极宣传马克思列宁主义，用马克思、列宁的观点评论广西的政治局势，宣传中国共产党的民主革命纲领，说明各种各样的改良主义在广西都行不通，只有马克思列宁主义才是拯救广西人民的真理。

1926 年，谭寿林组织举办了“纪念列宁逝世两周年演讲会”。演讲会上，参会者以《苏联革命成功的要点》《列宁主义与中国民众》《国民革命与阶级斗争》《帝国主义的末日》等为题，公开进行系列宣传演讲，积极宣传马列主义。谭寿林在《苏联革命成功的要点》演讲中，详细介绍了列宁领导俄国十月革命的主要经验，宣传列宁关于殖民地民族解放运动的思想理论，号召大家学习列宁的奋斗精神和斗争艺术。通过学习和宣传，许多中共党员和革命群众对马克思列宁主义、国民革命有了进一步的认识。

在谭寿林的宣传发动下，广西最早的一批共产党人点燃的革命火种在广西境内燃起熊熊火焰，工运、农运、商运、妇运等群众运动蓬勃兴起。1926 年 9 月，梧州三名工人遭到无辜杀害，谭寿林组织领导梧州工人发动罢工游行，进行坚决的斗争。

“我的灵魂是追随着你，追随着我们鲜明的旗帜。”这是谭寿林在自传体小说《俘虏的生还》中写下的心灵独白。他的心始终追随着马克思列宁主义真理，追随着革命的鲜红旗帜。在革命斗争中，他多次被捕，但他的信仰从未动摇，从未放弃过革命。1931 年，他再次被捕，作为要犯被押解至南京，英勇就义于雨花台。

解码红色基因

雨花英烈正是这样一群忧国忧民的革命英雄，他们曾熟读《共产党宣言》，深受革命理论的影响。在马克思、列宁的著作中，他们找到了指引中国摆脱落后命运、走向独立富强的真理；在运用马克思列宁主义指导中国革命的实践中，他们发展了真理；在残酷的革命斗争中，他们用自己的生命捍卫了真理。

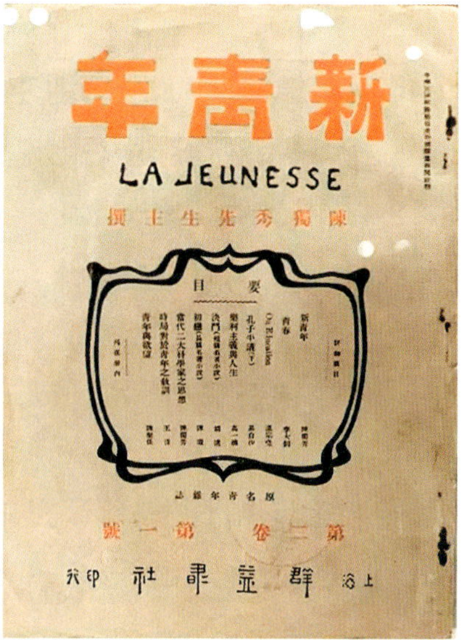

《新青年》

张炽，出生于云南，是一名知识分子出身的革命家。在云南读书期间，他积极参加并领导青年学生的爱国运动。随着五四运动的深入开展，许多新思潮涌入云南，张炽如饥似渴地学习马克思主义著作和新文化书刊。1924 年，他来到北京读大学，在这里，他积极参加各种进步群众组织、青年学会、读书会等。在群众活动中，他把马克思主义理论与革命实践相结合，使自己成长为一名真正的共产主义战士。

杨振铎是一位坚定的共产主义革命者，在山西省立第一中学读书期间，他就开始学习马克思主义，秘密加入中国共产党。经历了多次革命斗争后，他成为太原爱国学生运动的领导人之一。中共太原地委选派杨振铎到素有“革命熔炉”和“红色学府”之称的上海大学学习深造。在这里，他系统接受了马克思主义理论教育，坚定地确立了无产阶级世界观。“我有坚定不移之意志，百折不回之精神，生死在所不计。”被捕后，杨振铎宁死不屈，最后牺牲在雨花台。

陈君起

陈君起，1885 年出生于上海。作为一名女性，她深受包办婚姻之苦。为与封建礼教抗争，她独自带着孩子居住在当时的国立东南大学附近。在这里，她结识了国立东南大学的革命青年。在共产党人谢远定等人的影响下，她阅读了《新青年》《向导》等刊物。这些刊物中宣传的革命思想如同火把点燃了她的内心。“封建制度害了多少人！我的青春，我可怜的女儿，还有无数女性，我们这代人，势必要推翻它！”为此，她追随真理，坚定地走上革命道路。1927 年 4 月，陈君起被国民党反动派逮捕并秘密杀害。

传承英烈精神

20 世纪初的中国，灾难深重，帝国主义的践踏，封建军阀的混战，致使人民苦不堪言。诸多仁人志士开始探寻救亡图存的道路，有的主张学习日本的君主立宪，有的主张学习西方建立民主宪政，但这些道路都解决不了中国面临的问题。十月革命一声炮响，给中国送来了马克思列宁主义。五四运动的蓬勃开展，促进了马克思主义在中国的广泛传播，使中国的热血青年看到了曙光。只有运用马克思列宁主义，只有依靠无产阶级革命，只有发动劳苦大众才能建立独立富强的新中国。

请思考：雨花英烈追求的真理是什么？在追求真理的过程中他们展现了怎样的思想品质？今天的我们还需要为追求真理做出哪些努力？

结合以上体悟，请同学们互相合作，完成以下活动。

活动一：诵读经典，感悟真理

《共产党宣言》是马克思和恩格斯为共产主义同盟起草的纲领，全文贯穿马克思主义的历史观，是马克思主义诞生的重要标志。该宣言第一次全面系统地阐述了科学社会主义理论，指出共产主义运动将成为不可抗拒的历史潮流。中国共产党坚持马克思主义的指导，团结带领中国人民，创造了新民主主义革命的伟大成就、社会主义革命和建设的伟大成就、改革开放和社会主义现代化建设的伟大成就、新时代中国特色社会主义的伟大成就。

今天，让我们循着雨花英烈的思想轨迹，一起来读一读《共产党宣言》这本经典著作，共同探寻人类社会发展的真理。请结合高一教材《思想政治必修1》第一课中“科学社会主义的理论与实践”的相关内容,谈谈为何《共产党宣言》会激励共产党人不断前行?

活动二：探寻真理，坚定信念

高一教材《思想政治必修3》第一单元“中国共产党的领导”中指出，中国共产党的领导是历史和人民的选择。政治老师打算以“从雨花英烈看中国共产党的先进性与执政的必然性”为主题，开展一次研究性学习活动。

请你据此主题写出你的研究思路。

活动三：追寻足迹，传播真理

请你利用假期时间，与家人一起选择一位雨花英烈，对他（她）生活、学习、工作过的地方进行寻访，同时了解其学习、工作经历，尤其是他们学习和传播马克思列宁主义的成长过程，并以黑板报的形式进行交流。

第二节 坚守理想抒胸怀

追忆雨花英烈

我是把我的孝，移去孝顺大多数痛苦的人类

冷少农，1900 年出生于贵州瓮安一个农民家庭。1925 年加入中国共产党，后打入国民党军队的核心部门，在南京从事地下工作。1932 年 3 月因身份暴露被捕，同年 6 月在南京雨花台从容就义，时年 32 岁。

冷少农

照理我应该把家庭中一切的责任负起来，努力的去完成我一个好儿子、好兄弟、好丈夫、好父亲的事业，至少在外面应该努力的做一个显亲扬名的角色，极力的巴结，把官做大一点，把钱找多一点，并且找的钱应该点滴归公送回家来，使得家里的人都享受一点清福……

……你老人家和家庭中一切人过去和现在的苦痛，我是知道的，但是无论怎样的苦，总不会比那些挑抬的和那些讨田耕种的、讨饭的、小偷们、土匪们苦痛。……我因为见着他们这样的痛苦，我心里非常的难过，我想使他们个个都有饭吃，都有衣穿，都有房子住，都有事情做。我又想使这些有钱有势的人不要长期的玩格，长期的把一切都占据着，而使得他们老是受痛苦。所以我现在就是在向这个方向去做。这样的事情，是一件最大而又最复杂的事情，我要这样干，非得把全身的力量贯注着，非得把

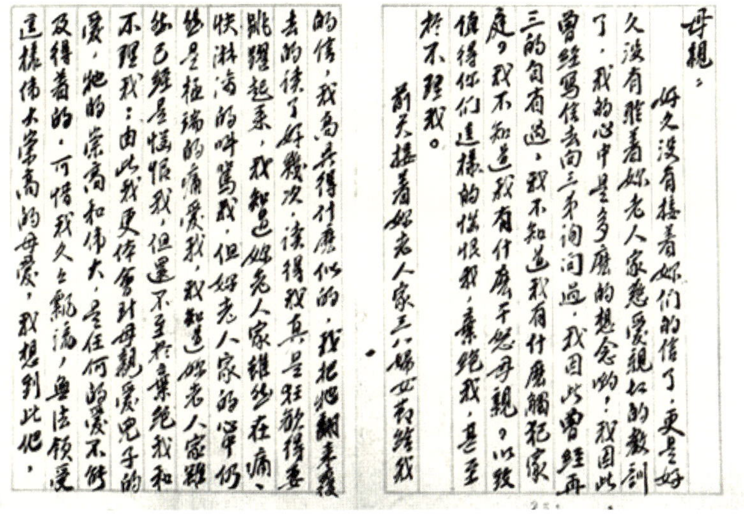

母親：
好久沒有接着妳們的信了，更是好久沒有能着妳老人家慈愛親切的教訓了。我的心中是多麼的想念哟！我因此曾經寫信去向三弟詢問過。我因此曾經再三的自省過，我不知道我有什麼觸犯家庭？我不知道我有什麼干怒母親？以致值得你們這樣的憎恨我，棄絕我，甚至於不理我。
前天接着妳老人家三八婦女節給我的信，我高興得什麼似的，我把她翻來覆去的讀了好幾次，讀得我真是狂歡得要跳躍起來，我知道妳老人家雖然在痛、快淋漓的咒罵我，但妳老人家的心中仍然是極端的痛愛我，我知道妳老人家雖然已經是憎恨我，但還不至於棄絕我和不理我；由此我更體會到母親愛兒子的愛，她的崇高和偉大，是任何的愛不能及得着的。可惜我久久飄流，無法領受這樣偉大崇高的母愛，我想到此她，

冷少农写给母亲的信

生命贡献，不会得到效果。我既把我的力量和生命都交给这一件事情，我怎么能够有工夫回家来，忍心的丢着这样重大的事情，看着一般人受痛苦，而自己来独享安逸呢？……母亲！我真的是不忠不孝、忘恩负义吗？我是把我的孝，移去孝顺大多数痛苦的人类，忠实的去为他们努力……

这是冷少农在 1930 年写给自己母亲的一封信。冷少农在南京承担着危险的地下工作，无法回家探望，但远在千里之外的老母亲以为他贪图享乐，忘记了妻儿家人，写信斥责他“不忠不孝、忘恩负义”。冷少农因为从事秘密工作，无法向母亲说明长期不能回家探亲的真正原因，只能给母亲回复了一封长信，以此一方面道出自己对母亲和家人的愧疚之情，另一方面委婉地表达了自己的理想是为广大的劳苦民众谋利益、除痛苦。

冷少农 17 岁考入贵州公立法政专门学校。在校读书和在紫云县税务局工作期间，一方面，他看到劳苦大众深受压迫却无力反抗的社会现实，对受苦受难的劳动人民产生深深的同情；另一方面，他阅读了大量进步书刊和马克思列宁主义著作，确立了让老百姓“个个都有饭吃，个个都有衣穿，个个都有房子住，都有事情做”的革命理想。

1925 年，他投身革命事业，秘密加入中国共产党，潜伏在国民党军队的核心部门，担任军政部部长办公室秘书。由于身居要职，他的情报极具价值，他

也因此多次为革命立下赫赫功勋。特别是面对国民党针对共产党进行的第一、第二、第三次“围剿”，正是因为冷少农等人及时传递了重要情报，使我党能巧妙应对，取得了三次反“围剿”斗争的胜利。

1932 年 3 月，因为叛徒出卖，冷少农身份暴露，不幸被捕。面对敌人的利诱，冷少农不为所动，坚定自己的理想不动摇，最后英勇就义。

革命者的理想就是让天下孩子都能过上好日子

卢志英，1905 年出生于山东昌邑，1925 年加入中国共产党，在情报战线上为党的革命事业立下不朽功勋。1947 年因身份暴露被捕，1948 年 12 月牺牲，时年 43 岁。

卢志英

卢志英自幼受家中亲人的影响，疾恶如仇，树立了改造旧社会的志向。在东北当兵期间，他饱尝困苦，目睹人间忧患，后来毅然脱离军阀的部队，只身南下，在洛阳结识了一批共产党人，接受了马克思主义思想理论教育。从此，共产主义理想在他心中生根发芽。他认准了中国共产党提出的通过工农运动推翻旧制度的革命道路，于 1925 年加入了中国共产党。

卢志英给我的影响最深，他遇事冷静、思维缜密，而且点子多，他的到来使刘哑佛等人的工作更得心应手……他知识渊博，不仅军事方面，古今中外，天文地理，似乎无一不晓。我往往在自觉与不自觉之间接受了他的革命启蒙。他向我介绍了几个国家不同的政治制度，并热情地讴歌苏联的十月革命和以后的发展壮大。他讲中国以后要强大，就要推翻法西斯专制主义的蒋介石政权，建立一个民主的社会主义制度国家。当他谈到这些时，总是眉飞色舞，其坚定的共产主义信

卢志英与儿子的合影

念洋溢于眉宇之间。

这是曾与卢志英共事的莫雄对他的描述。

卢志英长期战斗在敌营，每天都面临着死亡的威胁，但他机智勇敢地与敌人周旋，取得了敌人的信任，为党送去大量极具价值的情报，特别是为中央红军安全通过贵州、胜利完成战略转移提供了重要情报。毛泽东曾不止一次地说，红军得以生存，搞情报的同志功不可没！

在一次执行任务的过程中，卢志英巧遇自己的妻子张育民带着自己的小儿子，正巧又遇上一支国民党的部队。他们正在躲避时，小宝宝大哭起来，他为了掩护其他同志撤离，牺牲了自己的儿子。这已经是他为了革命失去的第二个孩子，他的妻子悲痛不已。他安慰妻子说："在这世界上，丢掉孩子的，岂止你我一家。这一笔账，也要记在反动派的头上。只有到胜利那一天，孩子们的幸福才有保障。那时，天下的孩子都是你的。"他劝慰自己的妻子："我们是革命者，革命者的理想就是让天下孩子都能过上好日子。"

抗日战争结束后，卢志英前往上海打入国民党中统内部，继续搜集情报，同时以自己的感召力发展了多名党员，带领他们为党源源不断送去各种情报。1947年，因为叛徒出卖，他不幸被捕。敌人把卢志英的妻子和儿子都关进监狱，妄图用骨肉之情软化他。在监狱中，他自任老师，教授儿子功课。妻子对他说，在狱中何必让孩子这么辛苦学习呢？卢志英说："将来的世界是孩子们的，不学好本领可不行啊！"

他时时刻刻想着的是国家的发展，心中装着的是对人民深深的热爱。敌人的酷刑，他能英勇面对；敌人的利诱，他能严词拒绝；敌人的威胁，他能无所畏惧……因为他的理想是国家的富强，是人民的幸福。

找着光明的途路，建设起光华灿烂的社会来

张应春，1901年出生于江苏吴江一个书香世家。1925年加入中国共产党，致力于妇女解放运动。1927年被国民党反动派秘密杀害，年仅26岁。

1926年3月18日北京三一八惨案后，张应春在《江苏省党部妇女部为

反对段祺瑞惨杀北京市民宣言》一文中写下这样一段话：

我亲爱的女同胞们，大家起来奋斗吧，跟着女烈士鲜明的血迹，猛勇地前进；我们誓死要从红色的血泪里边，找着光明的途路，建设起光华灿烂的社会来……

张应春

这充分显示了她的宏伟理想和不屈精神。

张应春在父亲的影响下，从小就具有爱国主义思想和民主革命精神。在求学期间，受五四运动的影响，她学习新文化，接受新思想，不断探索救国救民的道路。她每次放假从学校返回家乡时，都要去邻居家中做调查，对辛劳与穷苦的农民们抱有极大同情。她时常对父亲说，农民们一年到头辛勤耕种，反而不得温饱，太不公平，这种不合理的制度应该被彻底铲除。

她目睹中国妇女深受封建礼教毒害的现状，立志要为妇女争取平等权利。她曾对自己的同学说：“女子无才便是德，乃封建意识。我辈要勤奋学习，要争女权，要以天下为己任。”离开学校后，张应春回到家乡积极投身于妇女解放运动，成为吴江地区颇有影响力的妇女运动倡导者。她认为妇女要解放，必须接受教育。于是，她在同志们的帮助下，建立暑期妇女学校，号召这些女性从家庭束缚中解放出来，争取读书的机会。她在文章中提出：“现在潮流变幻，教育事业，一天兴盛一天。我们青年的女子，居然能够同享其利，这是何等的幸福！”她期待更多的女性通过学习掌握本领，成为有知识、有文化、有地位的人，能够不依附他人，过上独立的生活。

张应春获得的银质奖章

在领导妇女革命斗争的实践中，张应春深深地认识到，革命需要科学思想的指导，只有马克思主义才能救中国，只有中国共产党才能带领人民走向革命的胜利。1925 年，张应春加入中国共产党，成为一名坚定的革命者。

1926 年，为了提高妇女的思想觉悟，推动妇女运动的广泛开展，张应春创办了为广大妇女服务的期刊《吴江妇女》，并撰写了多篇文章，重点阐述了妇女解放与国民革命及阶级解放的关系，号召广大妇女起来打倒帝国主义和军阀，推翻旧礼教。

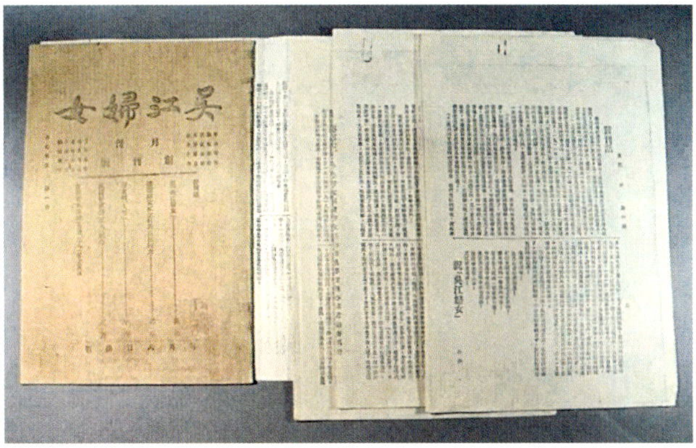

《吴江妇女》

1927 年 4 月 10 日晚，张应春在南京大纱帽巷 10 号参加中共南京地委扩大会议时被国民党反动派逮捕。在狱中，任敌人严刑逼供，张应春只回答“我是共产党员”，她坚守理想，壮烈牺牲。

解码红色基因

“老吾老以及人之老，幼吾幼以及人之幼。”雨花英烈生前始终对劳苦大众抱有深深的同情心与责任心，他们把自己个人的理想与大众的命运紧紧联系在一起。他们看到处于饥饿中的孩童，看到生活无依的老人，看到饱受封建礼教欺压的苦难妇女，萌生了改造社会，救国救民，寻求一条使国家富强，使人民幸福的道路的理想。在理想的召唤下，他们放弃了安逸的生活，走上布满荆棘的革命道路；他们放弃与家人的团聚，选择为人民谋幸福而艰苦斗争；他们献出了宝贵的生命，把自己的一切奉献给解放人类的伟大事业。

高文华，1907 年出生于江苏无锡。“为人类争真理的英勇斗争，才是奋斗，所以一个真正的奋斗者，决不顾虑牺牲的大小、成功的多少或者失败的。”“我要做使天下穷苦人将来吃饱穿暖的事。”这是高文华说过的话，他的理想是朴实的，考虑的只是穷苦人的穿衣吃饭问题；他的理想是伟大的，心里装的是天下穷苦人。正因有着远大的理想，他不计个人的得失，全身心投入革命事业，拒绝国民党右派的利诱拉拢，积极从事反蒋宣传，在我党地下组织遭到敌人破坏的危急时刻，挺身而出，勇挑重任。被捕后，他在狱中不幸病逝，为了实现自己的理想奋斗到生命的最后一刻。

高 波

高波，1913年出生于陕西米脂，1937年加入中国共产党。中共中央机关迁到延安后，这里吸引了大量追求进步的热血青年，高波也成为其中的一员。他多才多艺，深入群众，用文艺演出的形式宣传党的抗日主张；他治兵有方，深入战士中间开展思想工作，把原来的一支国民党军队改造成了具有战斗力的人民军队。当他不幸被捕后，又坚持在狱中战斗，当敌人来诱降时，他怒斥对方：“你不必在我们共产党人身上打主意，我们共产党人干革命，不是为了当官发财，而是为了全人类的解放。”他在狱中写下“本为民除害，哪怕狼与狗。身既入囹圄，当歌汉苏武”，直抒胸怀，激励难友，充分表现了共产党人坚定的理想信念。

陈原道

陈原道，1902年出生于安徽巢县。17岁的陈原道一面学习知识，一面关心社会和国家大事，他在作文中写道：“身可杀，而爱国热血不可消；头可断，而救国苦衷不可灭。”从此立下了救国救民的理想，把自己的激情澎湃的青春与国家民族的命运紧紧联系在一起。在组织工人运动，进行反帝反封建斗争的过程中，他深深认识到只有中国共产党才能救中国，因而于1925年加入中国共产党。当他两次被捕，家人担心他的安危时，他说：“你不干，我不干，四万万同胞就没有饭吃。”临刑前，他对难友说：“望同志们保重身体，坚定立场，为着全人类的解放而斗争到底。”

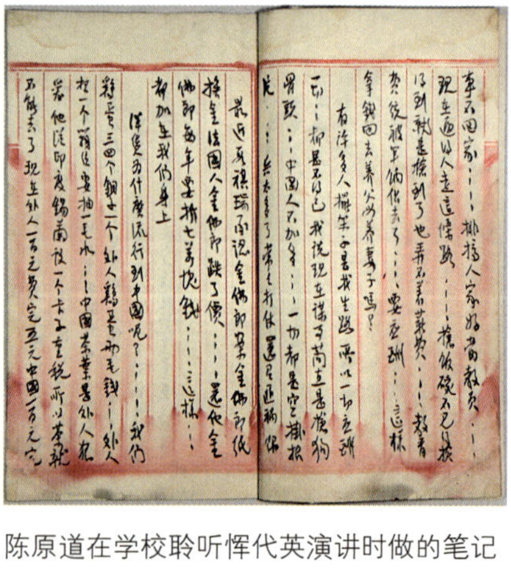
陈原道在学校聆听恽代英演讲时做的笔记

传承英烈精神

理想是冲锋的战旗，从解放受欺压的女性到解放穷苦的百姓，从解放全中国到解放全人类，战旗下集结着一代又一代年轻人前仆后继；理想是斩棘的利剑，从同情百姓到追求人民解放，从满腔热情到确立坚定的共产主义理想，无数怀揣理想的青年奋斗在为人民谋幸福，为民族谋复兴的道路上。当时沦为半殖民地半封建社会的中国，由于有这些有理想的青年而闪现出一线光明，让处于黑暗中的人们看到未来，看到希望。

请思考：读完雨花英烈的故事，你能说出他们的理想有何共同之处吗？他们的理想在人生道路上发挥着怎样的作用？他们的理想与民族复兴的伟大中国梦之间是什么关系？

结合以上体悟，请同学们互相合作，完成以下活动。

活动一：实现理想，告慰英烈

在中国共产党成立100周年的重要时刻，我国全面建成了小康社会，历史性地解决了绝对贫困问题。脱贫群众不愁吃、不愁穿，义务教育、基本医疗、住房安全、饮水安全也都有了保障。雨花英烈的理想在今天成为现实。请你给雨花英烈写一封信，介绍我国脱贫攻坚的成果。

活动二：树立理想，建设祖国

实现中华民族的伟大复兴是近代以来中华民族最伟大的梦想，雨花英烈为了实现这个梦想不怕牺牲，不懈奋斗。今天，中国人民比历史上任何时期都更接近、更有信心和能力实现这个梦想。学校将组织以“中国梦，我的梦”为主题的演讲比赛，请你撰写自己的演讲稿，谈谈如何实现个人梦想与中国梦的统一。

活动三：践行理想，帮助他人

实现伟大的理想往往要先从身边的小事做起。雨花英烈正是因为看到身边人的苦难能够感同身受，才树立起救国救民的远大理想。请你参加一次社区志愿者活动，看看在自己的身边有哪些人遇到困难，自己又能怎样帮助别人。

社区志愿者活动记录卡

受 助 人＿＿＿＿＿＿＿＿＿＿＿＿＿＿＿＿＿＿＿＿

受助事由＿＿＿＿＿＿＿＿＿＿＿＿＿＿＿＿＿＿＿＿

解决方案＿＿＿＿＿＿＿＿＿＿＿＿＿＿＿＿＿＿＿＿

第三节　捍卫信仰不动摇

追忆雨花英烈

人民却会理解我今天斗争的意义

郭纲琳，1910 年出生于江苏句容的一个大户人家。1931 年加入中国共产党，1934 年在上海为组织工人罢工前往秘密会议地点时被捕。1937 年在南京雨花台英勇就义，年仅 27 岁。

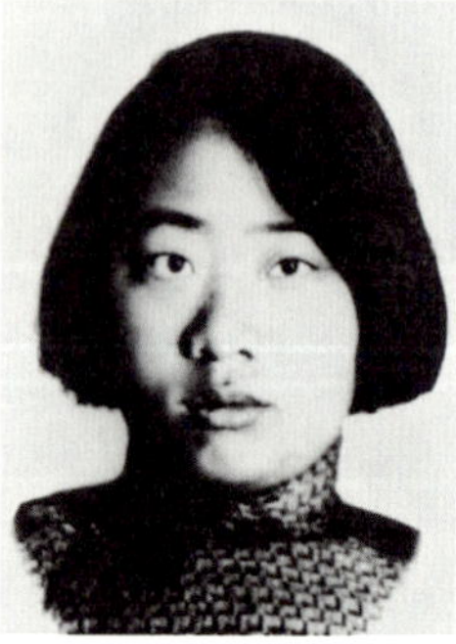

郭纲琳

绣着展翅翱翔的大雁的枕套、绣着五角星的手绢……郭纲琳在狱中绣的物件，传达着她对共产主义的坚定信仰和对革命事业必胜的信心。

郭纲琳出生于封建大家庭，生活条件十分优越。1926 年，她成为句容县立初级中学的第一批学生。随着马克思主义的传播，学校聚集了一批忧国忧民、思想进步的老师，成为句容县“革命青年的大本营”。郭纲琳在这里接受了新思想的熏陶，阅读了马克思主义的相关书籍，确立了共产主义信仰。九一八事变后，在上海中国公学的郭纲琳连续 3 次参加上海学生赴南京请愿示威活动。经过斗争的锤炼，她于 1931 年 10 月加入中国共产主义青年团，同年底转为中国共产党党员。

她积极参加抗日救亡运动的行为，引起了在上海做律师的大伯的不满。大伯写信向郭纲琳的父亲告状，父亲写信要求女儿停止参加这些活动。郭纲琳却从未动摇过自己的信仰，还表示坚决走革命的道路，从此失去了家里的经济支持。

1934 年初，郭纲琳调任上海闸北区团委书记。在此之前，该区委已经两次遭到破坏，环境险恶。但她无所畏惧，接受任务后，全身心投入各项工作。不幸的是，1 月 12 日傍晚，她秘密前往租界内海宁路布置绸厂罢工事宜时，因叛徒出卖而被捕。

不久,法庭对郭纲琳进行公开审讯。当法官指责郭纲琳犯了“危害民国”“破坏睦邻”罪时，她从容不迫地反击：“谁丢了东北 3000 万同胞，谁丧失了东北三省土地，谁便是危害了民国。你们说这是我，还是你们国民党？谁侵犯了邻国的土地，谁抢劫了邻国的财产，谁奸淫了邻国的妇女，谁便是破坏了睦邻。你们说是我，还是日本帝国主义？”

郭纲琳入狱后，她家人多方营救，本来有好几次机会可以出狱，但都因为她拒绝在国民党拟好的“悔过书”上签字而作罢。一天，一名国民党官员找她谈话时说：“你父亲托我来看你，现在不少人都登报悔过了，出来了，你就出来算了。你将自己的生命和青春自行断送，又有谁能记得你呢？”郭纲琳坚定地回答道：“你让我们抗日，可以。要叫我写什么东西，是不行的。”“革命者的青春是美好的，我早已将她献给了伟大的祖国。为了追求我的最崇高理想，我可以献出生命、青春和一切，我并不希望人们记起我、说起我。我只希望他们朝着自由幸福的道路上前进，朝着祖国独立的道路上前进！你们是不可能理解我的心情的，人民却会理解我今天斗争的意义。”

郭纲琳在狱中磨制的铜心

对马克思主义的坚定信仰给了郭纲琳无穷的力量。在狱中，她也没有放弃与敌人的斗争，积极组织狱友们争取权利；在刑场上，她高唱《国际歌》，怒斥敌人，从容赴死。郭纲琳牺牲后，人们在她的遗物中发现了她在狱中制作的一枚“心”形铜板，上刻“永是勇士”四个字。郭纲琳以她勇敢战斗的行动，证实了她无愧于“永是勇士”的光荣称号。

吾有田产尚愿偿，却信仰主义随党走去

朱杏南，1899年出生于江苏江阴。1926年加入中国共产党，多次组织领导农民武装抗争，1930年被捕，1931年牺牲于南京雨花台，时年32岁。

朱杏南

朱杏南是江阴夏港人，是当地首富，继承了200亩良田的家产，还与人合伙经营酒坊，生活非常富足。但他同情穷人，不能理解为什么他们整日劳作，却生活贫困。他期望通过教育来改变穷苦百姓的命运。他捐资办学，致力于为穷苦人家的孩子提供免费教育。

经历了五四运动洗礼的朱杏南，在新思想和新文化的影响下，接受马克思主义的真理，背离自己所在的阶级，树立了坚定的共产主义信仰，成为一名光荣的中国共产党党员。他在探索中逐渐认识到，改变穷人的命运，仅仅靠教育是不够的。于是，他开始积极组织农民武装抗争，反抗土豪恶霸的剥削和压迫，成为当地有名的农民武装运动领袖。

看到朱杏南在当地群众中的影响力，国民党多次对朱杏南软硬兼施，妄图使其放弃革命。朱杏南却说：“吾有田产尚愿偿，却信仰主义随党走去，岂为利哉？”国民党的利诱根本不可能动摇他的信仰。在遭到朱杏南当面训斥后，被揭穿阴谋诡计的国民党反动派又试图用武力迫使其屈服。国民党悬赏1000银圆通缉朱杏南，并利用叛徒探听其行踪。国民党军警曾三次包围朱杏南的家，企图逮捕他。第一次朱杏南在农民的掩护下躲进猪圈未被搜到；第二次他躲进楼顶的天花板方才脱险；第三次由于他反应机敏，及时跃出楼窗并爬行数家屋顶，方幸免于难。

被通缉的朱杏南留在当地很难开展革命工作，中共组织把他派往苏州吴县担任县委书记。在这里，他积极联络共产党员，领导他们开展斗争，组织工人运

动，发动太湖、阳澄湖地区的农民运动。为了支持革命，当党内活动经费困难时，为筹集革命经费和营救被捕的同志，他开始变卖自己的土地和妻子的金银首饰。

1930 年 9 月，他不幸被捕，经受了严刑拷打，始终坚贞不屈。在敌人的劝说面前，他也从不动摇。敌人无奈之下，只好把他押解到南京关押。当得知自己被判死刑时日无多时，他给亲人留下了一封遗书：

我这种结果，你们不应当悲伤而应该引为无上光荣啊！

你们今后应该处处去找光明而快乐的路，运用自由自主的权威，将旧社会的一切伪道法都打破它，你们今后一切行为行动我都认为对的同意的，你们的意志就是我的主张，因为我的心灵早在几年前就找到了寄托者了……

共产主义就是我最高的信仰

袁咨桐，1914 年出生于贵州赤水一个地主家庭。1929 年加入中国共产主义青年团，1930 年被捕后牺牲，年仅 16 岁，是雨花英烈中年龄最小的一位烈士。

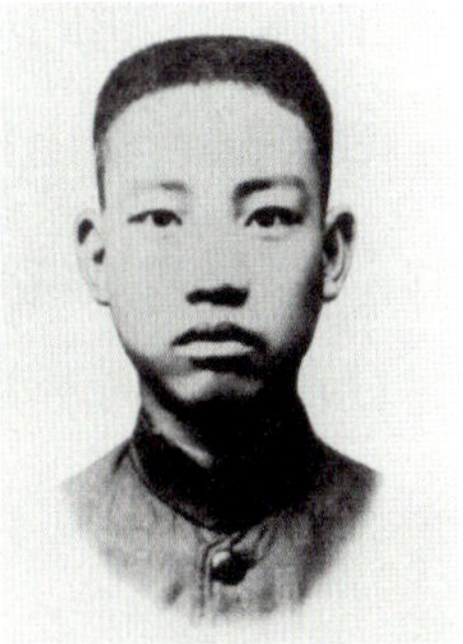
袁咨桐

袁咨桐 10 岁时进入著名爱国人士、教育家黄齐生创办的达德小学读书。他学习勤奋，手脚勤快，深得黄齐生夫妇的喜爱。大革命失败后，黄齐生被军阀以“接近共产党嫌疑”等罪名通缉，只好离开贵州。袁咨桐不顾父兄的劝阻，执意跟随老师辗转来到上海。在上海，他见到了黄齐生的外甥——时任中共中央秘书长的王若飞，听他讲述世界革命形势和马克思列宁主义，懂得了许多革命道理。

黄齐生接受陶行知的邀请，来到位于南京的晓庄学校任教，袁咨桐随行，就读晓庄学校小学部。陶行知创办的晓庄师范试验乡村（1928 年 8 月更名为南京晓庄学校）旨在培养具有改造社会精神的教育工作者，强调知行合一，服务农民，追求真理，胸怀天下。学校里汇聚了许多信仰相同的青年，在这里袁咨桐接触到中共地下组织。在他们的启迪帮助下，袁咨桐这个出身富家的男孩不贪图享乐，秘密加入中国共产主义青年团，成长为一名坚定的革命者。

袁咨桐创作的剧本《玫瑰花》,由晓庄剧社出演,控诉了社会的黑暗和不公,起到了唤醒劳苦大众的作用。在剧中，他借主人公的口，表达了对社会问题的思考："劳苦大众织了布没衣穿，自己种了田没饭吃，自己盖了屋没房住，为什么？因为他们劳动所得的一切都被他人强占了，都被贵族、财主、资本家强占了！这是多么的不平等啊！"

1930 年 5 月，袁咨桐因参加晓庄学校同学声援下关和记工厂工人罢工的游行示威活动被捕。国民党首都卫戍司令谷正伦的妻子是黄齐生的学生，她两次找袁咨桐谈话，希望能说服他放弃共产主义信仰。当袁咨桐听到她把共产主义称为"共产邪说"时,立刻毫不留情地反驳道:"'共产邪说'对你们来说是'邪说'，可对我来说，共产主义就是我最高的信仰。"当国民党军官的大哥把袁咨桐保释出狱，叮嘱他不要再搞革命了，但袁咨桐依然坚持斗争。

同年 8 月，袁咨桐再次被捕入狱。黄齐生找到谷正伦，希望能够营救他。谷正伦拿着一张"悔过书"，表示只要袁咨桐在"悔过书"上签字，就可以立刻被释放。袁咨桐拒绝签字。他说："一个人只要死得值得，虽死犹生。为共产主义，为我的最高信仰去死，值得！"

根据当时国民政府的法律，不满 18 岁的人不能被判死刑。敌人竟卑鄙地在判决书上，把 16 岁的袁咨桐年龄改了，将他判处极刑。临刑前，袁咨桐给自己的二哥写了最后一封信：

一个人到了不怕死的地步，还有什么顾虑的？有了这种舍己为公奋斗的精神，还怕理想事业不能成功？我觉得自己的人生走得很美、很美！

解码红色基因

举案齐眉、儿女绕膝是人们所渴望的家庭幸福，雨花英烈生前同样想尽力给予家人温馨安稳的生活。他们当中，有的是知识分子，有的是富家子弟，他们本可以过上富足安定的生活。但是在那风起云涌的革命年代，为了坚守心中的革命理想与信念，他们放弃了个人的利益，把马克思主义的真理与救国救民的理想相结合，用鲜血浇灌出胜利的果实。

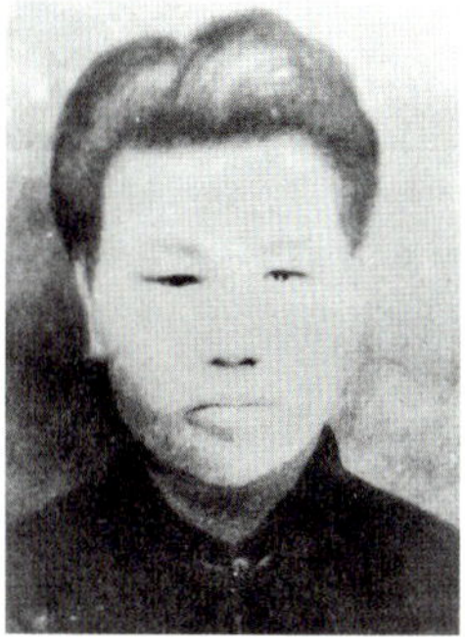

周不论

周不论，1903年出生于湖南醴陵的一个地主家庭，他是家中的独子，本可以继承家业，过着衣食无忧的生活。但他却同情贫苦农民，不满社会的黑暗。在中学期间，他在进步老师的引导下接受了革命思想，做出了人生的重要选择——为劳苦大众谋求解放而奋斗终生。他积极参加学生运动，树立了坚定的共产主义信仰，成为一名光荣的中国共产党党员。他参加过北伐，又在党组织的安排下回到家乡发动农民运动。他组织的农民武装斗争不断取得胜利，在湖南醴陵的多个地方建立了属于老百姓自己的政权——苏维埃政府。这引起了国民党反动当局的注意。新政权被残酷镇压，周不论也不幸被捕。在监狱中，他坚持斗争，与同志们建立了秘密党支部。被敌人发觉后，为了保护其他同志，他主动承认自己是带头者，因而被判死刑。临刑前，他给妻子留下遗书，希望孩子能继承他的遗志。

汪裕先

汪裕先，在上海华商电气公司工作期间，受到同宿舍的中共党员的启蒙。年轻的汪裕先如饥似渴地阅读马克思列宁主义书籍，接受革命真理。他逐步感觉到，要改变穷人的命运，让劳苦大众过上幸福生活，“埋身在世俗的生活中”是不能实现的，只有“走进革命的圈子”才能实现。1926年初，汪裕先加入了中国共产党，在历次的工人运动中逐步成长为一名骨干。1930年4月，汪裕先根据党的指示，赴太湖组织农民武装，由于叛徒告密而被逮捕。在长达4年的牢狱生涯中，汪裕先多次给家人寄诗寄信，表达对父母的安慰、妻儿的牵挂。在给姐姐的一封信中，他道出了对革命和家庭关系的认识：

照理说，我就应该平平稳稳的过那世俗的平凡生活，使得母亲和其他的家里人欢喜，这是我的责任。我起初也想埋在世俗的生活中，使得家里人勿至于担惊受怕，可是这一个办法的实行，仅使我感到了梦想的空虚，要实现却是不可能的。因此我终于走上革命的道路，进了牢狱的大门。

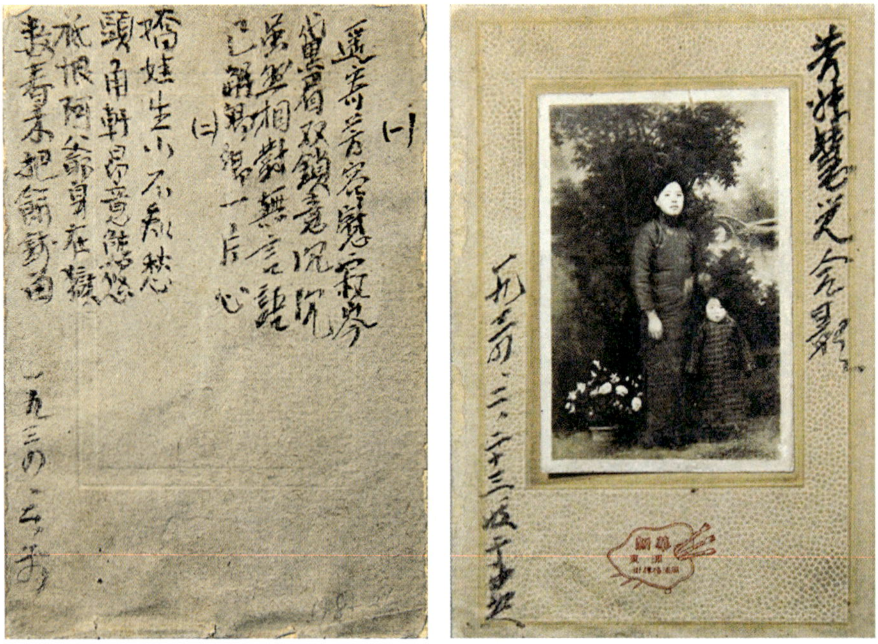

汪裕先妻女的照片

吕国英

吕国英，1907 年出生于江苏徐州。在江苏省立第三女子师范学校读书期间，她受中共徐州地下组织负责人吴亚鲁的影响，开始阅读进步书籍，接受了马克思主义的教育，树立了救国救民于水火的革命理想。怀抱着爱国之心，她投笔从戎，随军北伐，投入反帝反封建的斗争行列。1928 年，吕国英回到家乡后，目睹国民党的腐朽、没落，大失所望，坚定了跟中国共产党走的决心。1929 年，吕国英加入中国共产党，积极投入革命。虽然多次被捕，受尽敌人的酷刑，但她仍坚贞不屈，反而意志更加坚定，革命信念更强。1930 年 9 月，吕国英在慷慨赴死的途中，高喊雄壮豪迈的口号，用鲜血和生命捍卫自己的信仰。

传承英烈精神

习近平总书记指出：“对马克思主义的信仰，对社会主义和共产主义的信念，是共产党人的政治灵魂，是共产党人经受住各种考验的精神支柱。”雨花英烈在残酷的环境下，始终面对着人生的两难考验——义与利的考验，面对着信仰的终极考验——生与死的考验。

请思考：面对考验，雨花英烈做出了怎样的回答？他们藐视敌人、慨然赴死的勇气来自哪里？在当今的社会主义现代化建设中，雨花英烈的信仰有何现实意义？

结合以上体悟，请同学们互相合作，完成以下活动。

活动一：追本求源，了解信仰

崇高信仰是支撑共产党人不屈身躯的钢铁脊梁。在中国革命充满危机，革命前途未卜，革命斗争处于艰苦卓绝的时期，正是坚定的共产主义信仰决定了雨花英烈的政治选择和人生道路。

共产主义信仰为何具有如此惊人的力量？请你阅读高一教材《思想政治必修 1》，了解人类社会发展的规律，结合雨花英烈的事迹，写下你的想法。

活动二：信仰的力量，青春的诗篇

为纪念雨花英烈，学校拟组织以“信仰的力量，青春的诗篇”为主题的雨花英烈诗歌创作与朗诵比赛，比赛要求：(1) 紧扣主题，不可抄袭；(2) 突出表现雨花英烈捍卫信仰、勇于献身的精神，表达出青少年一代从中汲取成长力量的坚定信心；(3) 朗诵时要有真情实感。请你按照要求，积极准备参加比赛。

活动三：做社会主义的建设者和接班人

请你与同学一起走进社区，组织一次面向小学生的雨花英烈事迹宣讲活动，并运用自己所学的知识与弟弟妹妹们分享如何做社会主义的建设者和接班人。

第二章　高尚的道德情操

第一节　斗争烈焰炼修养

追忆雨花英烈

与我结婚，要准备吃苦

朱克靖，1895年出生于湖南醴陵。1922年加入中国共产党。1947年初被捕，同年10月在南京郊外英勇就义，时年52岁。

朱克靖

1919年，朱克靖考入北京大学。五四运动时期的北京大学，中西学术并存，古今百家争鸣，成为新文化、新思想的中心。朱克靖在校期间经常听演讲、参加学术会议，与进步人士接触，并积极参加工人运动和学生运动，逐渐从一个具有反帝反封建思想的爱国主义者转变为共产主义者。1922年，朱克靖在北京加入中国共产党，走上了为中国人民谋求解放的道路。

1923年冬，朱克靖赴苏联莫斯科东方大学学习。这段时间，他刻苦努力，潜心研读马克思、恩格斯、列宁的著作，比较系统地了解了马克思主义的原理，其思想理论水平得到了很大的提高，对中国革命的性质、任务、对象、动力、前途等问题有了较深的认识，为回国从事革命活动奠定了理论基础。

1926年6月，年过30的朱克靖结婚了，结婚仪式很简单。朱克靖对妻子说：“与我结婚，就不要希望当官太太，也不要指望发财享福，而要准备吃苦。”不久，朱克靖便告别了新婚妻子，踏上了北伐战争的征程。后来，他的一个堂侄前来投奔他，要求参军，他便对堂侄说："你跟着我干，不要准备发财。"在部队，朱克靖从不坐大轿，始终与士兵同甘共苦，并要求将士"不拉夫，不赶牲口，买东西照价付款"。

1927年八一南昌起义后，朱克靖被任命为第九军党代表。起义部队南下失败后，朱克靖虽突出重围，但与党组织失去了联系。1937年7月7日，全面抗日战争爆发，朱克靖也终于在经历10年的艰难奔波后找到了自己的队伍。他兴奋地对家人说:"我要重归战场,请缨杀敌。"1937年末,朱克靖把家人送回家乡醴陵后,便急切地奔往南昌回到党的怀抱，投身抗战队伍。当党组织征求朱克靖关于职务安排的意见时，他回答道："无论分配我做什么工作都行，只要对抗战有益。"

1938年1月，新四军军部在南昌成立，朱克靖任军政治部顾问兼直属战地服务团团长。战地服务团由部队中的宣传员、抗日边区的文艺青年，以及来自上海、南京等地的进步文化工作者和青年组成。朱克靖像长辈一样悉心照顾这些年轻人的生活，还从思想上对他们加以引导，充分发挥他们的长处。他还带领这些年轻人在抗日前线开展宣传和群众工作，有力地配合了部队作战，扩大了中国共产党和新四军的影响。

1947年1月，朱克靖被捕入狱，但他始终保持着革命精神，还写诗填词，抒发革命者的情怀。例如："伏枥托骅骝，不为恩仇，江南春意可全收"表达了希望革命同志解放江南，完成革命事业的心愿；"此身早许国，被卖作楚囚。壮士非无泪，不为断头流"表达了忠诚于共产主义理想和人民解放事业的革命者高尚品格。

所谓建造人格，是把良好人格的重要根基建筑得很稳固

施滉，1900年出生于云南洱源。1927年3月加入美国共产党。1929年取得历史硕士学位后，回国参加革命斗争。先后担任中共河北省委宣传部部长、省委书记。1933年7月在北平被捕，解来南京。1934年初，被杀害于南京雨花台，时年34岁。

1917年，在清华园内的施滉如饥似渴地吸收新知识和新思潮。俄国的十月革命和《新青年》等进步书刊打开了他的眼界，他积极关注内忧外患下风云激荡的中国社会。

五四运动爆发后，施滉积极投身其中，成为清华学校学生领袖之一。面对各种思潮涌入的清华校园，施滉力求通过互助路径以及道德自律来改良社会，逐步解决中国面临的危机。为此，1920年，施滉等人将两年前为响应和宣传新文化运动组成的清华学校第一个进步社团“暑假修业团”更名为“唯真学会”。该学会的宗旨为：本互助和奋斗的精神，研究学术，改良社会，以求人类底真幸福。该学会通过的8项信条包括：不说谎、不嫖、不赌、不酗酒、不吸烟、不贪污、不做军阀爪牙、舍私为公。

施 滉

施滉在《清华周刊》上发表的《对于清华各方面之建言》中提出：

关于个人方面，我希望同学在校的时期内把人格建造好。人格是德、智、体三育的总体，包括天生的种种性质，以及后生的一切成就。所谓建造人格，是把良好人格的重要根基建筑得很稳固。……

团体精神，简单说是为公的守法的精神，组织团体的动机是谋公共的福利，维持团体的工具是法律。所以服务于公共团体的人，切不可有自私自利的念头，切不可有违法的举动。公私不可得兼的时候，当舍私为公，切不可舍公为私。公私可以得兼的时候，亦应先公而后私。

1920年春“唯真学会”成立，提出“政治救国”主张。前排左六为施滉

1927年3月，留学美国的施滉毅然加入了美国共产党，成为中国留美学生和旅美华侨中第一批共产党员。不久，蒋

介石发动四一二反革命政变的消息传到大洋彼岸的美国。根据形势需要，他以个人名义先后撰写并发表 10 篇宣言，揭露和声讨蒋介石叛变革命的罪行。

1931 年 4 月，中共河北省委遭到破坏，多人被捕。施滉临危受命，于 1932 年 5 月担任中共河北省委宣传部部长。1933 年 1 月，他担任中共河北省委书记，以北平艺术专科学校教员身份积极从事地下革命工作。同年，他与其他 13 位同志在北平艺术专科学校开会，被反动军警包围，不幸被捕。施滉坚贞不屈，次年初在雨花台壮烈就义。

1949 年 4 月 29 日，清华校友为施滉立了纪念碑，碑上镌刻着：

他是清华最有光荣的儿子

他是清华最早的共产党员

他为解放事业贡献了生命

施滉的革命精神永垂不朽

金戒指、金镯子、金手表之类的东西，表现她非常落后

许包野，1900 年出生于泰国，广东澄海人。1923 年加入中国共产党，1935 年 2 月在河南开封主持河南省委工作时被捕，不久牺牲在南京监狱，时年 35 岁。

1900 年 5 月，许包野出生于泰国一个华侨家庭，7 岁回到祖国。1920 年 4 月，他辞别父亲和妻子到法国里昂大学学习哲学和法律。第二年又转到德国哥廷根，进入奥古斯特大学继续攻读哲学，并学习了军事学。

留德期间，许包野结识了已被周恩来介绍加入中国共产党的朱德。在朱德的影响下，他如饥似渴地自学马克思主义书籍，研究马克思的哲学理论，认真探索革命真理，并积极参加中共旅欧支部组织的革命活动。1923 年经朱德介绍，许包野加入中国共产党。1925 年，他获得哲学博士学位。

1931 年，受共产国际派遣，他回到祖国。但入境后他就遭到敌人跟踪，数次改变行程，最后步行回到广东澄海。阔别祖国 11 年，他在家只住了 10 天，临走时只告诉妻子叶雁蘋，这次外出是去厦门。

许包野

1932 年 10 月，许包野任中共厦门中心市委书记。在领导革命的斗争中，他工作深入踏实，生活艰苦朴素，思想品德高尚。当时在中共厦门中心市委做秘书、后任中央政法干部学校（现为中国人民公安大学）副校长的谢飞回忆说：

包野的生活也是艰苦朴素的。每天吃两餐最简单的饭菜，他从不在外面吃一餐饭。他穿衣服也很简单朴素，除从国外带回来的一套旧西服外，两件长袍轮换穿洗。相处近两年之久，未见他买过一件新衣服。他很鄙视讲究穿戴的人。有一次我见到房东的女儿，是个 18 岁的中学生，手指上戴几只金戒指，颈上戴一条金项链，左手戴一只金手表，右手还戴金镯子。我对包野说起这个姑娘的打扮，包野听完后问道，这表现她的什么呢？我说："可能是为了表现她家很有钱吧！"包野说："不对，是表现她非常落后。"他继续说："共产党要的是整个世界，要共产主义的世界，不是金戒指、金镯子、金手表之类的东西。那些东西是容易得到的，要得到整个世界就不那么容易了，需要付出许多代价，要付出许多人的鲜血和生命。"

许包野在德国哥廷根与朱德等人合影。前排右三为朱德，后排右二为许包野

1934 年 10 月，许包野化名老刘调任中共河南省委书记。是时，红军开始长征，在白区的中共组织的工作处于极端困难时期。许包野不畏艰难，努力恢复发展党的力量，开展秘密工作，并发展武装队伍，准备武装起义。1935 年 2

月 20 日晚，许包野在开封被捕，不久又被转移到了南京的国民党宪兵司令部看守所。无论是在开封还是在南京的狱中，敌人都对许包野施加了野蛮而残酷的刑罚，经常将他折磨得昏死过去，但他始终坚守共产党人的气节，一直跟敌人斗争到了人生的最后一刻，终因伤势过重，5 月牺牲在南京狱中，时年 35 岁。

叶雁蘋于 1931 年送别自己的丈夫许包野后，一直得不到他的消息。在家等候丈夫归来的叶雁蘋从青丝少妇变成了白发老人，一直盼望丈夫归来。1982 年，她给党组织写信求助，希望能找到丈夫。经过几年的努力，党史部门于 1985 年底查清了许包野的革命经历。1987 年 3 月，广东省人民政府追认许包野为革命烈士。

解码红色基因

“哲人者，宁可舍其事而成其心。”从象牙塔中走出的革命青年，是名副其实的学霸，同时，他们也都有心系天下苍生疾苦的情怀，他们特别注重加强自身品德修养，培养自己高尚的道德情操。他们将个人的品德塑造与马克思主义真理结合起来，在革命斗争的烈焰中不断锤炼自身的修养：他们上下求索，在马列主义的学习中提高理论修养；他们心系社会，在大国小家的取舍中提升道德修养；他们坚定理想，在艰苦卓绝的斗争中增进政治修养。他们始终坚持在斗争中锤炼自我，立德修身，用家国情怀与道德操守点亮生命的强光。

李耘生与家人合影

在白色恐怖笼罩的南京，化名李立章的李耘生被反动当局以“共党嫌犯”的罪名关押。在狱中，李耘生把牢房变成了书房，坚持每天看书，并把学习的情况以信件形式写进日记，还经常把书借给难友看，利用放风时间，与他们交流心得，讨论时事，不断提高政治觉悟和自身修养。妻子章蕴回忆道：“耘生整整坐了 13 个月的牢，释放回来后，他的文采更高，谈吐更幽默。出狱的时候，他高兴地捧着写给我的信，我打开一一读着，流着幸福的泪。(我们)共同叙谈着对人生的理想、前途的憧憬，当时他是多么的健谈而且乐观！”

赵文秀

“早起宜自新，功课宜注重，运动宜谨慎，是非宜明辨，言语宜寡少，行为宜和厚，团体宜结合，名誉宜爱惜，晚眠宜自省……”这是赵文秀在日记中写下的话。赵文秀出生于1904年，为中共青州组织早期领导人之一。1927年3月24日，他率领浦口工人纠察队策应北伐军。为围歼军阀褚玉璞残部，他身先士卒，冲锋在前，在激战中不幸为革命事业献出了年轻而宝贵的生命。他留下的日记簿一共有118页，不仅真实地记录了其在校学习、课外活动的情况，还记录了他从事革命活动的思想和行动。赵文秀具有强烈的忧患意识，每天阅报，特别关注有关时局的报道。他曾质疑天下的公理：“看希土大战及近来时局，不禁凄然，世上哪有公理公法？无非一片欺诈手段……”由此，我们看到了一个热爱学习、勤于思索、追求进步的青年学生的形象，更感受了一位关注社会、心忧天下、勇于斗争的革命者的情怀。

成贻宾

成贻宾，是雨花台烈士纪念馆内陈列的最后一位烈士。他于1947年考入国立中央大学工学院电机系，1949年4月1日，参加了“反对假和平，要求真和平”示威游行，被特务殴打，身受重伤，于同年4月19日牺牲，年仅22岁。他曾在给未婚妻的信中，提出了“新生十大信条”，包括新的人生观、丰富的学识、规律的生活、果敢的毅力、高尚的品格，还有勤俭、乐群助人、朴实，也包括对国家、民族、父母、师长、一切可爱的人的爱。这十大信条是一位青年学子面向未来“自我革命”的誓言，他用年轻的生命践行了信中所写的“要随时牺牲自己，为了大众”的信条。

传承英烈精神

雨花英烈群体的一个突出特征是他们大部分都来自当时的知识精英阶层，这批来自高等学府的革命者有着深厚的学养和自觉的操守，正是这两者的融合，涵育了他们高尚的道德修养。

请思考：作为青少年学生，我们应该以先烈的崇高的道德情操为引领，以饱满的热情投入学习中，在这一过程中我们应当如何涵育自身修养？怎样在日常点滴中提高思想觉悟与道德操守？

结合以上体悟，请同学们互相合作，完成以下活动。

活动一：探究思考，了解道德涵养路径

雨花英烈生前大多是青年学生和知识分子，他们都有着悲悯苍生、救济天下的胸怀，都特别注重自己的品德修养。是什么原因促使他们把美好品质转化为拯救国家、拯救黎民的不竭的动力？请你以雨花英烈生前成长与革命的经历为线索，探寻其转化的动因。

活动二：学习英烈，设计德育活动方案

历史是最好的教科书。为学习好、宣传好习近平总书记关于“学习四史”的重要指示精神，学校德育处将组织“青年看百年”的校园文化节系列活动，旨在为学生树立榜样，向英雄看齐，提高自身修养。请你以“学习雨花英烈，让青春有刻度地生长”为主题设计一个面向全校学生的德育活动方案，包括活动背景、活动目标、活动流程等。

活动三：力行求真，感受英烈高尚情操

请你走进基层社区，结合寒暑假等相关实践任务，在社区开展以“初心永恒”为主题的宣讲活动，聚焦雨花英烈群体高尚的道德情操，探索在当代涵育修养的重要意义，面向社区中不同年龄层的群体，做到“因人施讲”，帮助更多人感悟雨花英烈的人格魅力，推动红色薪火代代传承。

第二节　救国救民担肩上

追忆雨花英烈

眼见国家将亡，不应徒作书生

金佛庄，1897 年出生于浙江东阳，1922 年加入中国社会主义青年团，同年转为中国共产党党员。1926 年 12 月赴浙江执行策反任务，在南京下关码头被孙传芳部逮捕，被秘密杀害于南京雨花台，年仅 29 岁。

20 世纪初，一位年轻人“眼见国家将亡”，发出了“不应徒作书生，默默以终也”的呐喊，这位年轻人便是中国共产党早期的军人党员金佛庄。

金佛庄

金佛庄自幼读私塾，勤奋好学，刻苦用功，凭借优秀的成绩考取了东阳县立中学。此时的金佛庄立志掌握科学知识以慰藉父母，报效国家。辛亥革命的硝烟散去，孙中山先生的革命成果被袁世凯掠夺，袁世凯同日本签订了丧权辱国的“二十一条”，这点燃了金佛庄内心的怒火，“天下兴亡，匹夫有责”，现在总统卖国靠不住，要靠自己撑起民族的脊梁。“志欲舍去研究科学而从军报国”，金佛庄毅然放弃了科学救国的思想，转而报考保定陆军军官学校。

在军校求学期间，金佛庄接触到马克思主义。1922 年，他加入中国社会主义青年团，同年秋转为中国共产党党员。他与志同道合的同学建立了一个名为“壬戌社”的组织，旨在“罗致各省革命的军人同志，以谋中国之革命”。军校毕业后，他先在上海闸北的淞沪护军使署任步兵排长，不久转至浙江陆军第二师陈仪部任排长、副连长，后又调至浙江警卫处担任营长。

1924年受党的委派，金佛庄到广州参加黄埔军校创建工作。他先后任学生队第三队队长、军校教导第二团第三营营长等职。他率部东征，指挥第三营官兵“勇敢善战，勋绩灿然”。他还率部两次攻克南昌，多次平定叛乱。

南昌复克后，直系军阀孙传芳的“五省联军”仍盘踞在苏、浙、皖、闽四省负隅顽抗。在军事威慑的同时，北伐军方面也希望通过策反等手段来分化瓦解孙传芳部。金佛庄是浙江人，此前曾在浙江军界任职，有一定的人脉，为尽快消灭军阀，使北伐战争早日胜利，他便主动要求前往浙江执行策反任务。1926年12月上旬，金佛庄与警卫团第八连连长顾名世，在江西九江登上英商太古轮船公司的三号轮船，顺江东下。不料，二人行踪泄露，在南京下关码头被孙传芳的爪牙抓捕，未经审判即被杀害于雨花台。

国不可不救

恽代英，1895年出生于湖北武昌，祖籍江苏武进。中国共产党创建时期的重要领导人，著名的政治活动家、理论家、青年运动领袖。1921年加入中国共产党，1930年被捕，1931年4月在南京被国民党反动派杀害，时年36岁。

1895年，恽代英出生在武昌一个书香门第。他在学生时代就接受进步思想，团结进步青年，传播新思想、新文化和马克思主义。五四运动时期，他目睹国家民族危机四伏，就从心底发出了呐喊：“国不可不救。他人不肯救，则惟靠我自己。他人不能救，则惟靠我自己。他人不下真心救，则惟靠我自己。……自己却不下真心做，此其所以为亡国奴之性根。”1921年底，作为武汉地区五四运动主要领导人之一的恽代英，经陈独秀介绍加入了中国共产党。在他的

恽代英

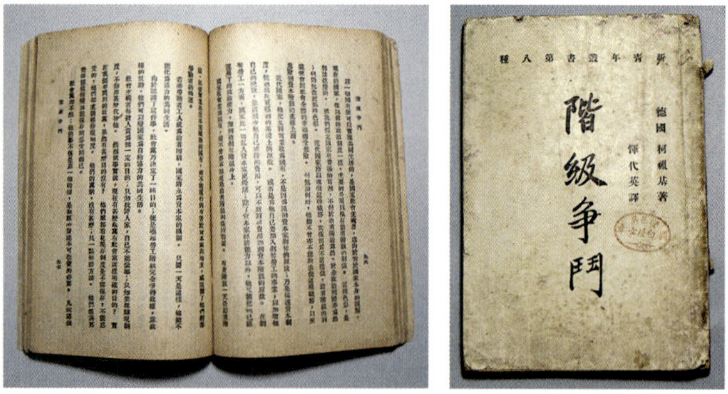

恽代英翻译的考茨基著作《阶级争斗》

影响下，很多青年走上了革命道路。

当时，有关马克思主义的著作出版很少，而广大青年渴望学习马克思主义和社会科学的理论，以解答国家的前途、命运和个人价值取向等诸多问题。恽代英主编的《中国青年》应运而生，很快就成为国内最受欢迎的青年杂志之一。从 1923 年创刊到 1927 年 10 月间，《中国青年》共出版 170 期，是大革命时期出版时间最长、发行期数最多、影响最大的革命刊物之一。恽代英以自己的名义撰写文章 200 篇左右，文章短小精悍、言之有物。在较短的时间内发表如此多的文章，可以看出恽代英对于中国革命事业的热爱和对中国青年的关心。他主张把人民的利益放在首位，鼓励广大青年到农村去，到田间去，去宣传和教育农民。他号召广大青年 ：“我们一定要与产业无产阶级的革命势力联合，我们的革命势力才伟大，能够必然的获得胜利。”

恽代英在《中国青年》上对学术救国、教育救国、科学救国等思潮发起讨论并指出 ：在中国不打倒军阀统治，不打倒帝国主义的侵略势力，纵有几千几百个技术家也救不了国家。只有改变了政治制度，才谈得上学术、教育、科学。他写下《力行救国论》，大声疾呼 ：“可知今日言救国，断宜以力行为惟一方法，以各行其良心之所信，为救国之道。”《中国青年》犹如闪烁在夜空的一颗启明星，引导着一批又一批

恽代英雕像

年轻人将个人利益与民众利益结合起来，自觉服从改造国家、变革社会的大局，进而走上革命之路。

1930 年 5 月，恽代英在上海被捕。1931 年 4 月，他在国民党中央军人监狱英勇就义。在 36 年的人生中，他没有追求舒适的生活，而是为实现共产主义理想，为创造全中国人民的美好生活而献身！正如他所说："我身上没有一件值钱的东西，只有一副近视眼镜，值几个钱？我身上的磷，只能做四盒洋火。我愿我的磷发出更多的热和光。我希望它燃烧起来，烧掉古老的中国，诞生一个新中国！"

为国民而生，亦当为国民而死

徐楚光，1909 年出生于湖北浠水。1927 年加入中国共产党。1947 年 9 月前往大别山革命根据地，途经武汉时被捕，解来南京，1948 年 10 月在南京雨花台英勇就义，时年 39 岁。

1926 年，18 岁的徐楚光考入黄埔军校武汉分校，他思想倾向共产党、倾向革命，在白色恐怖最严重的 1927 年加入了中国共产党。他曾在日记中写下："大事者，于国于民大利也。吾当为国民而生，亦当为国民而死。"这段文字表达了徐楚光为改造社会、振兴中华而努力奋斗并愿为之付出一切的担当。

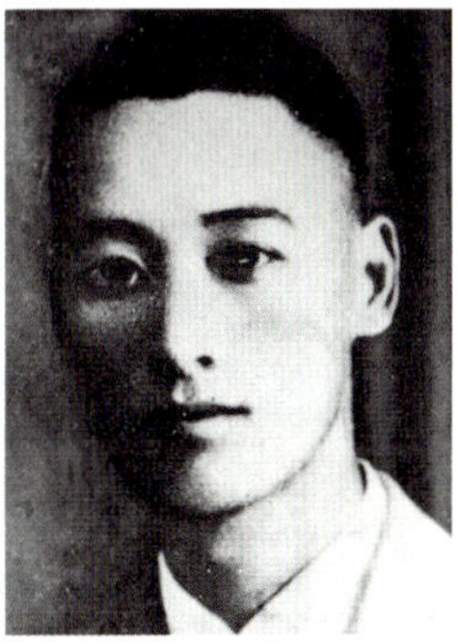
徐楚光

1942 年 3 月，春寒料峭的南京城出现了一位西装革履的先生。他的衣兜里装着一张由汪伪政府高官亲自签发的南京特别市政府的通行证，上面写着他的姓名：徐楚狂。许多与徐楚狂往来的汪伪政府官员都认为，这位曾在国民党军内部从事兵运工作、三十出头的黄埔军校高才生是难得的人才。但他们从未想到，徐楚狂实则是延安八路军总参谋部派往南京的情报人员，真名徐楚光，是中共中央社会部上海情报站南京情报组惨遭日汪敌特分子破坏后，中共中央情报战线上成功嵌入敌人心脏的一枚铁钉。

侵华日军占领南京城，制造了惨绝人寰的南京大屠杀，南京这座古城便进入了最为黑暗的八年沦陷期，而徐楚光就在这艰难时刻来到南京，承担起了隐蔽战线的艰难工作。徐楚光在多重身份的掩护下，周密部署，打入敌伪心脏，先后担任汪伪中央军官学校上校战术教官、汪伪军委会政治部情报司上校秘书、汪伪陆军部第六科上校科长等职务。他把在敌人内部搜集的大量军事情报秘密送至中共中央华中局情报部及新四军军部，多次挫败了日军针对南京周边抗日根据地的“扫荡”计划。

在秘密情报工作卓有成效的同时，徐楚光还积极策反，发展革命力量。他先后结识了“身在曹营心在汉”的军校第二大队政训员赵鸿学、汪伪警卫第三师师长钟健魂、汪伪空军航空学校中校飞行教官吉翔等人，并获取了他们的信任。不久后，钟健魂率师部直属炮兵连、特务连携带武器弹药自栖霞山北麓成功渡江。随后，钟健魂、赵鸿学率领汪伪警卫第三师官兵 3000 余人，会同徐楚光及新四军有关人员在六合县钟家集宣布起义。该部后被新四军编为华中独立第一军。

起义的“建国号”99 式双发运输机

经中共中央同意，徐楚光还在华中局情报部指示下，想尽一切办法协助汪伪空军少尉黄哲夫投诚。徐楚光利用飞行教官吉翔的关系，与潜伏在汪伪军委会航训处警卫大队的厉仁杰等同志，于 1945 年 8 月 20 日策动周致和、黄哲夫等六位飞行员驾驶汪精卫专机“建国号”投奔革命阵营，直抵延安机场。他们成为从敌营中投奔革命队伍的第一批飞行员。此次起义成为中国人民解放军空军史上的一件大事。

1947 年 9 月，徐楚光奉命前往湘鄂地区，准备组织秘密武装力量，配合解放军作战。到达武昌后，他不幸被捕。1948 年初，徐楚光被押解到南京国民党保密局看守所，于同年 10 月 9 日被秘密杀害。

解码红色基因

雨花英烈大多家境殷实，衣食无忧；他们都很年轻，牺牲时的平均年龄不到 30 岁；他们中很多人受过高等教育，有些还有留学经历，可以说属于当时社会的精英阶层。他们不是为生活所迫去参加革命，完全可以过衣食无忧的舒适生活，但他们却选择了一条流血牺牲的革命道路。因为他们心里装着的不是一己一家之私利，而是为民奉献和矢志兴邦的担当：面对大是大非敢于亮剑，面对矛盾敢于迎难而上，面对危机敢于挺身而出，面对失误敢于承担责任，面对残暴的敌人敢于坚决斗争。

任天石

任天石从医学院毕业后在家乡行医。西安事变后，面对时局他认为，做个医生只能救命，若要救民，必须救国。他毅然放弃从医而投身革命，放弃安定优裕的生活，参加当地的抗日武装，在部队吃大锅饭，睡稻草铺，变卖家产交给部队充当经费；还设法联系中共上海组织，将群众自发成立的常熟人民抗日自卫队发展成了中共领导下的人民抗日武装力量。

姜辉麟

姜辉麟，1897 年出生于江苏松江，她经常聆听侯绍裘、恽代英等革命先行者的演讲，思想上受到很大启迪。四一二反革命政变后，矢志以秋瑾为榜样的姜辉麟在一片白色恐怖中毅然加入了中国共产党。此时的她已是四个孩子的母亲，最小的女儿才两岁。忙于革命工作的她，经常把孩子放在家里，让丈夫照料。有人劝她，你一个女人在家相夫教子多好，干革命可是要掉脑袋的。姜辉麟爽朗一笑说：“革命不怕死。”任中共淞浦特委内部交通员期间，她常在敌人控制森严的上海奉贤、南汇等地往返传送党的秘密文件、宣传品，运送武器弹药等；奉贤庄行农民武装起义前夕，她主动承担运送土制手榴弹到起义前线的任务，打扮成农妇模样，把手榴弹裹在旧衣服里，放进装有农产品的大竹篮，机智勇敢地躲过了敌人的层层搜查，为第二天的起义提供了充足的弹药。

杨峻德

杨峻德在经历五四运动的洗礼后，深受反帝反封建思想的影响，产生了以天下为己任、兼济天下的志向。1926年加入共产党后，杨峻德担任中共建瓯支部宣传委员，参与领导和发动工农运动。建瓯共产党人遭遇大肆逮捕后，他决定外出寻找上级党组织，请示行动方向。杨峻德与已怀孕6个月的妻子告别道："我现在去为穷人打天下，将来孩子长大了，就不用受苦了……孩子出生后若是男的，可取名'宏农'。"说完，他提起一盏小风灯上了一条南下的小木船，告别也成了永别。

传承英烈精神

从孔子的"杀身成仁"，到张载的"为天地立心，为生民立命，为往圣继绝学，为万世开太平"，再到顾炎武"天下兴亡，匹夫有责"，这些先贤忧国忧民、敢于担当的赤诚之心深深影响着每一位有理想、有血性的中国人。雨花英烈把"利社会，利国家，利天下"作为自己的人生观，为民奉献和矢志兴邦的担当，成为雨花英烈高尚的道德情操的重要内涵。如今我们有让"中国标准"成为"世界标准"的高铁，有史无前例的国产大飞机C919，有重获新生的"丝绸之路经济带"，更有体现大国智慧的"亚投行"，大国重器"可上九天揽月，可下五洋捉鳖"……这一系列成就的取得靠的是一代又一代人的担当与付出。

请思考：作为当代中学生，你将如何担当起中华民族伟大复兴的重任？学习了雨花英烈的感人事迹后，你又增添了哪些力量？

结合以上体悟，请同学们互相合作，完成以下活动。

活动一：观看文献纪录片

中共中央党史研究室、中共江苏省委、江苏广电总台曾摄制了大型历史文献纪录片《致未来书》。该纪录片讲述了雨花英烈的生平事迹和丰功伟绩，这段红色记忆体现了高尚的道德情操，反映了共产党人"救国救民担肩上"的品格。请观看该文献纪录片，在班会课上分享交流观后感。

活动二：辨析英烈与时代

评价历史人物，应该在其所处时代和社会历史条件下进行分析，不能离开对历史条件、历史过程的全面认识和对历史规律的科学把握，不能忽略历史必然性和历史偶然性的关系。阅读雨花英烈传记，利用班会组织开展班级辩论赛。正方辩题为“时势造英雄”，反方辩题为“英雄造时势”。

活动三：探讨生命的意义

社会上有一种观点认为：雨花英烈都很年轻，牺牲时的平均年龄不到30岁，而且多是当时社会的精英，年轻的生命戛然而止，太可惜了！请你组织同学，结合对雨花英烈事迹的学习，策划并开展题为“生命的价值”的社区公益报告会，回应上述观点。

第三节 恪守忠诚成大义

追忆雨花英烈

我既然扱了红旗，就决不扱白旗！

孙津川，1895 年出生于安徽寿县一个工人家庭。1925 年加入中国共产党，参加工人运动领导工作。党的八七会议后，孙津川被派往南京担任中共南京市委书记。1928 年 7 月因叛徒告密身份暴露而被捕，之后英勇就义于南京雨花台，时年 33 岁。

孙津川

孙津川出生于工人之家，拮据的家境与动乱的社会让他早早成熟。经彭干臣等人介绍，他加入了中国共产党，并许下了庄重誓言，走上了投身中国工人阶级解放事业的伟大革命之路。

1927 年 4 月 12 日，蒋介石撕破伪装，发动反革命政变，大肆屠杀共产党人和革命群众，上海被白色恐怖笼罩。但血雨腥风没有吓倒孙津川，他带领工人参加声讨蒋介石罪行的大会，并亲自赶往淞沪司令部抗议，要求释放被捕的工会会员。孙津川因此被扣留，经过党组织和吴淞机厂工人、铁路工人的积极营救终被释放。中共八七会议后，孙津川临危受命被派往南京担任中共南京市委职工运动委员会委员，后任中共南京市委书记。他明白这是一条危机重重的道路，但却毫不畏惧：“革命总是要付出代价的，总是有牺牲的。我们不怕牺牲，我们要组织力量，和敌人对抗。”

中共南京市委当时并没有正式的机关驻地，常在北祖师庵 49 号孙津川的家中开会。一间陈旧的小屋，破桌、烂椅、旧木箱是所有的陈设。在这样艰苦的环境中，革命火种艰难地保存。由于人手不足，在一次市委开会时，孙津川的妻子去门口把风，年幼的孩子无人照看，竟被闷死于被窝里。悲痛中的孙津川拼命地工作，他一面东奔西跑，短短几个月，便在全市恢复和建立了 19 个党支部和 38 个党小组，一面重视农民运动，派浦口工人党员胥光亮到浦口九袱洲开展工作，发展了杨明清等 40 多名党员，建立了南京第一个农村党支部。在孙津川的领导下，一度沉寂的群众斗争在南京又活跃起来。

当南京的各项工作都有起色时，危险随之来临。1928 年 7 月的一个晚上，市委在姚佐唐家里开会，但因为叛徒的告密，孙津川与市委多名同志被捕。孙津川是共产党的重要人物，在狱中受到了敌人“重点”对待。敌人对他施加种种酷刑，只为从他嘴中撬出共产党的机密和中共南京地下组织的名单。孙津川没有忘记入党时的誓言，忠诚于革命信仰，忠诚于党的伟大事业：“我既然投了红旗，就决不投白旗！”威逼不成，还有利诱。恢复自由、必受重用、高官厚禄……种种糖衣炮弹砸向孙津川，孙津川冷眼相对。

恼羞成怒的敌人更为残暴地折磨孙津川，使他的身体受到极大摧残，短时间里头发都掉光了，也迅速消瘦。母亲被“特许”看望他，看见遍体鳞伤的儿子，母亲泪流满面。面对母亲的问询，孙津川也心如刀绞：“妈，忠孝不能两全。就是我死了，弟弟还在您跟前，您老人家是能理解我的。”母亲顿时明白，儿子心存死志，宁愿慷慨就义也不愿苟且偷生。1928 年 10 月 6 日，孙津川高唱《国际歌》，高呼着“中国共产党万岁”的口号，英勇就义于南京雨花台。

我已抱定宗旨，舍生取义！

顾衡，1909 年出生于江苏无锡一个知识分子家庭。1930 年加入中国共产党，1934 年初任中共南京市委负责人，之后，他在中央大学附近的秘密住所被捕，同年 12 月牺牲于南京雨花台，年仅 25 岁。

顾　衡

顾衡，出生于富裕的知识分子家庭，受进步思想影响，满怀救民于水火的革命理想，1930 年 10 月，中共清华大学支部吸收他为中国共产党党员。1933 年 6 月，组织上派他到南京担任中共南京特别支部书记。从 1927 年 4 月至 1933 年 2 月，中共南京组织先后遭受了 7 次大破坏，顾衡到任时，特别支部只剩下 6 名党员。他在这个宪警、特务密布的城市里，在国民党眼皮底下，为恢复和发展党组织进行了艰苦卓绝的斗争。为便于开展工作，他不断化名，日夜奔忙，睡眠不足，营养不良，脸上没有血色。

1934 年 6 月，中共南京组织遭受第八次大破坏。顾衡知道，越是组织被严重破坏的时候，越要让人民知道中共南京市委还在继续战斗。他撤掉机关，通知大家转移，自己则无所畏惧地留在南京坚持战斗。1934 年 8 月，顾衡正在自己的秘密住所紧张地印制党的文件时，特务持枪闯入，顾衡与之搏斗，寡不敌众，受伤被捕。三天后，共青团南京特别支部书记、顾衡的妹妹顾清侣也被特务逮捕，同样被关入南京宪兵司令部看守所。为了不连累亲人，他拒绝与妹妹相认。他始终说自己是“翟大来”，没有妹妹。

顾衡的父亲顾倬到处奔走，辗转托人设法营救自己的儿女。特务头子徐恩曾对顾倬说：“你儿子是南京共产党的首领，政府是一定要严办的。只要他说出南京共产党的情况，写一份悔过书，就可考虑从轻处置。”顾倬怀着极其沉重和复杂的心情来到森严阴暗的监狱探望儿子并转告徐恩曾的话，顾衡愤怒地说：“不要上当，我是不会投降的！你们也无须为我奔走权门、托人营救了。我已抱定宗旨，舍生取义！”老人虽不愿意失去爱子，但只好在万般无奈和极度痛苦中默默地理解儿子。

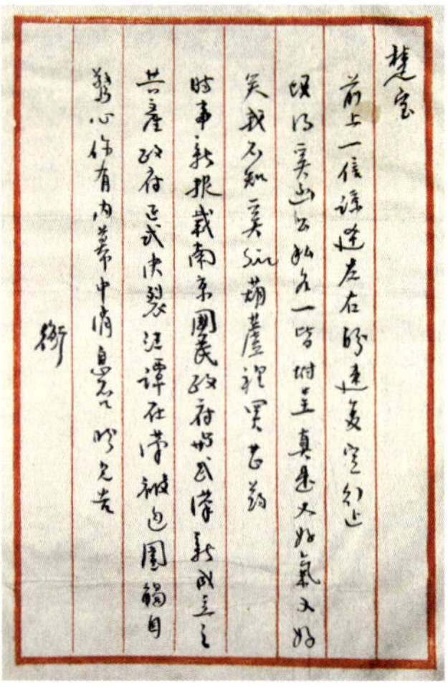

顾衡写给友人的信

敌人惯用的那一套威逼伎俩对顾衡毫无用处，便找顾衡“谈话”来劝降：“你们共产党上层人物都‘转变’了，你又何必这样呢？”顾衡只有一个信念，决不出卖党的机密和同志。见顾衡丝毫不为所动，特务就找来叛徒劝说，他义正词严地斥责叛徒：“如果要我写脱党声明，你们得先让我回去请示一下，看我们党准许不准许！这是一种信仰，敌人只能砍下我们的头颅，决不能动摇我们的信仰。就是你们都投降了，我只要还有呼吸的时候，还是要干共产党……”

法庭上，面对法官的审讯，顾衡理直气壮，侃侃而谈：“国民党腐败，只抓共产党，不抗日，非垮不可！”军法处前后对他进行三次审讯，他都把法庭变成了宣传共产主义的讲坛。在狱中恶劣的条件下，他还一直用如火的热情和渊博的知识鼓舞难友们的斗志，坚定他们对革命胜利的信心，难友们对他十分钦佩。1934 年 12 月 4 日，顾衡舍生取义，表达了对党和革命事业的忠诚。

我邓中夏就是烧成灰，也是共产党人！

邓中夏，1894 年出生于湖南宜章。1917 年入北京大学国文门学习，1919 年投身五四运动，1920 年加入北京共产党早期组织。在中共八七会议上，被选为临时中央政治局候补委员。1933 年被国民党反动派逮捕杀害，时年 39 岁。

邓中夏

1923—1927 年，邓中夏先后领导发动了二七大罢工、上海日本纱厂的反日大罢工和持续 16 个月之久的省港大罢工，在中国工运史上写下了光辉的篇章，在世界工人运动史上也留下了浓墨重彩的一笔。

1932 年夏天，邓中夏临危受命担任全国互济总会主任兼党团书记。有同志担心他的安全提醒他要注意隐蔽，邓中夏却很坦然地说：“我们要善于隐蔽，但不能为了安全而失去与群众的联系。假如我们不与群众联系在一起，我们便毫无作为，那么敌人也用不着害怕我们，我们也就失去了一个革命战士的作用了。”1933 年 5 月 15 日晚，邓中夏和互济总会援救部部长林素琴在上海法租界不幸被捕。林素琴

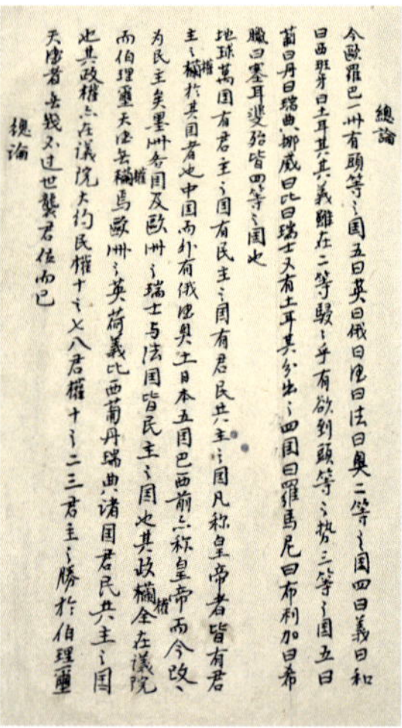
總論
今歐羅巴一州有頭等々国五曰英曰俄曰德曰法曰奧二等々国四曰義曰和
曰西班牙曰土耳其其義雖在二等駸々乎有欲到頭等々势三等々国五曰
葡曰丹曰瑞典挪威曰比曰瑞士又有土耳其分出之四国曰羅馬尼曰布利加曰希
臘曰塞耳斐殆皆四等々国也
地球萬国有君主々国有民主々国有君民共主々国凡称皇帝者皆有君
主々權於其国者也中国而外有俄德奥土日本五国巴西前亦称皇帝而今改、
为民主矣墨洲各国及歐洲之瑞士与法国皆民主々国也其政權全在議院
而伯理璽天德無權焉歐洲之英荷義比西葡丹瑞典諸国君民共主之国
也其政權亦在議院大约民權十之七八君權十之二三君主之勝於伯理璽
天德者無幾不过世襲君位而已
總論

邓中夏的抄字本

经不起敌人的威逼利诱，很快供出邓中夏中共中央委员的身份。

9月6日深夜，敌人将邓中夏等7人解往南京，把他们关押在瞻园路宪兵司令部看守所11号监房。他们以为逮捕了邓中夏就可以在政治上打击共产党，却未想到邓中夏用他的实际言行扩大了我党的威信与影响。国民党派来一位官员劝降："你是共产党的老前辈，现在受莫斯科回来的那些小辈的欺压，我们都为你抱不平。中共现在已经……日暮途穷。你这样了不起的政治家，何必为他们作牺牲呢？"邓中夏反问道："我要问问你，一个害杨梅大疮到第三期已无可救药的人，是否有权利讥笑那些偶感伤风咳嗽的人？我们共产党人从不掩盖自己的缺点与错误。……也能够克服一切缺点与错误。……你们呢，背叛革命，屠杀人民，犯了人民不能饶恕的罪恶，你们还有脸来说别人的缺点和错误，真是不知人间有羞耻事！"不等邓中夏说完，这个官员便恼羞成怒地狂叫道："你大概是不想出去了！我要关你十年！"邓中夏轻蔑说道："我看你们在南京坐不了十年。"

劝降失败后，敌人开始对邓中夏使用各种酷刑，妄图以肉体上的痛苦来摧毁邓中夏的意志。但他以共产党员的坚定信念和钢铁意志，挺住了敌人的严刑拷打。他回到牢房里对难友们说："他们能杀死我，但是他们杀不死中国革命。"邓中夏这种豪迈的气概，激励着每一个身陷囹圄的难友。不死心的国民党为了软化邓中夏，又把他转到"优待室"。邓中夏仍不为所动，始终恪守忠诚，坚持信仰："我邓中夏就是烧成灰，也是共产党人！"他在墙壁上写下十个大字："伫看十年后，红花开满地。"他又给中共中央留下一封信："同志们，我要到雨花台去了，你们继续奋斗吧！最后胜利终究是属于我们的！"

邓中夏（左四）与省港罢工委员会成员合影

解码红色基因

不为金钱所诱，不为甜言所惑，不为官位所动，不为酷刑所屈。雨花英烈决不用党性、人格和气节换取生的希望和荣华富贵。他们在敌人的监狱中、法庭内和刑场上大义凛然、视死如归，用自己的实际行动甚至生命书写了共产党员的忠诚：忠于祖国的爱国热忱、忠于革命的英雄气节、忠于人民的革命情操。

谭籍安

谭籍安受湖北早期共产党人董必武、恽代英、萧楚女的影响，于 1927 年加入中国共产党，后经董必武介绍前往国民党统治中心南京从事地下斗争时不幸被捕。被捕后，敌人使尽一切手段，企图迫使谭籍安供出中共南京地下组织的情况。但他始终只回答“不知道”，这三个字充满了对敌人的鄙视和大义凛然的英雄气概。

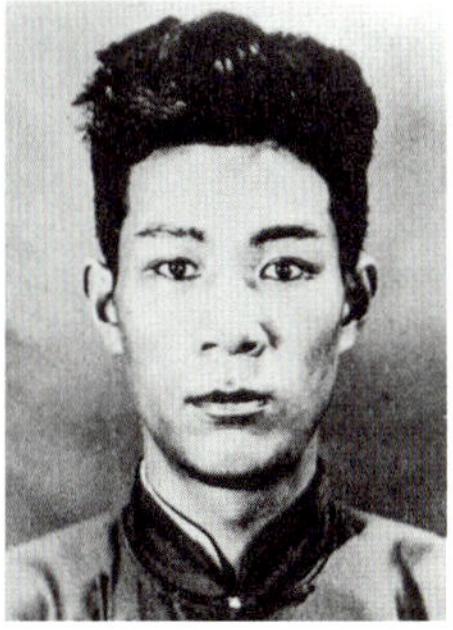
吴振鹏

吴振鹏曾担任中共中央苏维埃区域中央局委员等重要职务，先后在江西、江苏等地领导开展学生运动和工人运动。1933 年被捕入狱后，他被当作要犯被频繁地严刑逼供。遍体鳞伤的吴振鹏自感时日无多，给自己未出世的孩子写下了一封感人肺腑的家书：“孩子，请你记住，爸爸是中国共产党人，是将解放全人类的共产主义远大理想作为自己的毕生信仰，为之奋斗终生，并甘愿为这份崇高信仰牺牲自己一切。亲爱的孩子，感谢你在我即将离去的时候，勇敢地来到这个不平的世间，用你的美丽延续父亲执着的灵魂……”写完信的第二天，敌人将他又一次拖进了审讯室，用尽一切酷刑势必要让他交代出共产党的机密。然而，敌人低估了这个文弱书生的铮铮铁骨，即便老虎凳压断了他的双腿，烙铁烧坏他的皮肉，吴振鹏仍旧没有松口。

“我认为入了党，当然以党为前提了，一切多可以牺牲的……”这是张应春于 1925 年写给她同乡柳亚子信中的话。在柳亚子的影响下，她投身民主革命激流，成为江苏妇女运动的先驱。1927 年 4 月 9 日，张应春不顾家人劝阻，毅然抱病前往南京履职。4 月 10 日晚，张应春等人在南京大纱帽巷 10 号出席中共南京地委扩大会议时被捕。在敌人的残酷折磨下，她几度昏死过去，又被冷水泼醒，但只回答“我是共产党员”一句话。恼羞成怒的敌人最后将她装入盛有石灰的麻袋，用刺刀把她活活戳死，抛入秦淮河中。张应春牺牲时年仅 26 岁。

传承英烈精神

雨花英烈忠贞报国、救亡图存，忠于革命、气节如山，忠爱人民、视死如归。忠诚是高尚的道德情操，是共产党员最根本的政治品质，是彻底、无条件、不掺任何杂质、没有任何水分履行的义务。

请思考：面对日益富强的祖国，我们身处和平年代，忠诚在今天的意义和价值是什么？如何做到忠诚于党、忠诚于国家和人民？

结合以上体悟，请同学们互相合作，完成以下活动。

活动一：诵读英烈家书

中国人自古有“家书抵万金”一说。在革命年代，一封封触动心灵的家书背后，沉淀着一个个感人肺腑的故事，凝结着仁人志士们对亲人的无限思念和对革命的无比忠诚。“家是最小国，国是千万家。”请你诵读英烈家书，与身边人分享英烈在处理家和国的关系时给你留下的精神财富。

活动二：穿越时空对话

为庆祝中国共产党成立 100 周年，学校组织开展各类纪念活动。班级团支部准备组织“‘超越时空来对话，你的忠诚我传递’与英烈对话”的活动，请你设计一个主题团日活动方案。

活动三：代言红色话剧

南京市话剧团的红色话剧《雨花台》将进行展演，请你为红色话剧《雨花台》设计一幅海报或者一句宣传标语。要求设计主题鲜明，形式新颖，具有感人的力量。

第三章　为民牺牲的大无畏精神

第一节　艰难困苦视等闲

追忆雨花英烈

未来的世界终归是我们的

贺瑞麟，1909 年出生于江苏铜山一个农民家庭。1928 年 5 月，当选中共南京市委委员兼团市委书记。同年 7 月，在中共南京组织遭受第三次大破坏时被捕，1928 年 10 月 6 日，被国民党反动派杀害于南京雨花台，年仅 19 岁。

贺瑞麟

贺瑞麟在年仅 16 岁时便开始投身革命活动。当时的中共南京组织正身处国民党统治的中心，斗争环境凶险异常，但是贺瑞麟等一批战友并未放弃革命理想，他们怀揣着革命乐观主义精神，在黑暗之中坚持斗争。1928 年 7 月 6 日，特务包抄了贺瑞麟在焦状元巷 14 号的住所，贺瑞麟与敌人展开了殊死搏斗，终因寡不敌众，被敌人逮捕并押解至国民党首都卫戍司令部看守所。

面对敌人的威逼利诱，贺瑞麟拒不承认，那些供出贺瑞麟身份的人劝他“转转心”，去“自首”。特务头子吹捧他年轻有才学，并许以高官，贺瑞麟听后痛斥道：“你杀我的头，也不干你们孬种事。”

贺瑞麟料想敌人不会放过自己，他不停思索在失去自由、生命即将结束的时候还能为党做点什么，于是决定开始写日记，将敌人的残酷暴行和被捕人员的狱中斗争详细记录下来。刚开始，只要一想到要离开组织、告别难友，尤其是一幕幕壮烈告别的场景时，贺瑞麟便忍不住潸然泪下，甚至几次停笔，但他凭借顽强的毅力和革命乐观主义精神坚持了下来，共写下《九月日记》《死前日记》《给姐夫袁立超信》《未寄的信》《离散》等 8 册日记和书信。

《死前日记》始于 1928 年 9 月 28 日，正值农历八月十五，是中国传统的中秋佳节，但与家人团圆却成了贺瑞麟可望而不可即之事。于是，他开始提笔在纸上写下：

八月十五日，星期五，晴

今日是中秋节，是我“死前日记”的开始。

9 月日记预定的五十页还没有记完，昨天忽然逢到砚芬兄等死难的惨事。当我提笔写了昨天的一段日记，有一种使我不能制止莫名其妙的力，我不能再继续在我的日记本上写下去。

…………

啊，去了，去了！永远的别了！同志们最后的一次对望啊！千金一刻，今生此世只此一刻了。努力啊，努力你们的前途。我，我不久就要步砚芬的后尘而去了，到雨花台去了，永远的别了。祝你们早日成功。未来的世界终归是我们的。

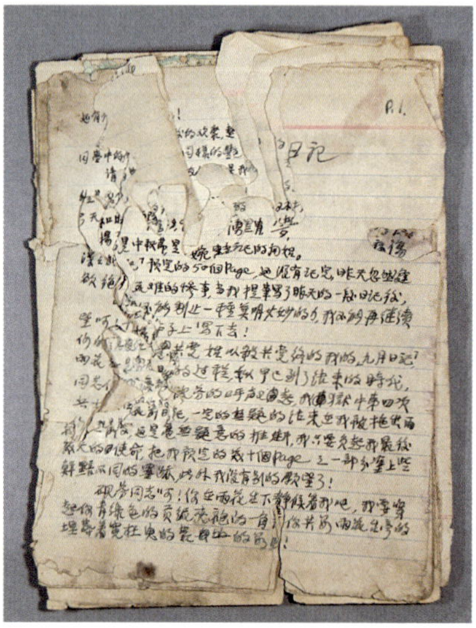

贺瑞麟的《死前日记》

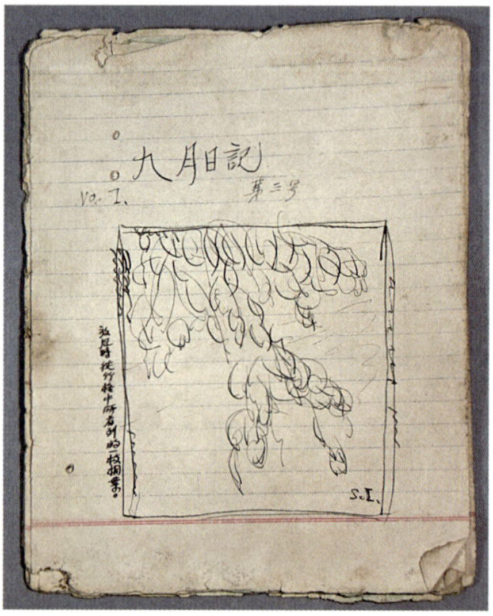

贺瑞麟的《九月日记》

战友的相继离世让贺瑞麟一度陷入沉重的悲痛中，但是他们转身从容赴死的身影却牢牢印刻在贺瑞麟的脑海中，给予他无尽的力量。即使身处险境，斗争也决不停止。

9 月 29 日，贺瑞麟明白，他的时日已经不多了，他唯一能做的，就是继续写这本《死前日记》：

今天又安然度过我的生命啊！……在你的刀戟没有架在我的颈项之前，我决不放下为贫苦人民奋斗的责任，而有自暴自弃的行为。你这些下流的军阀小走狗，你知道吗？

为了表达忠于党的决心，贺瑞麟不仅写日记，而且还为日记配画。其中有一幅画上的五角星中写着“雨花台”，表达了贺瑞麟做好了随时为共产主义牺牲的准备。

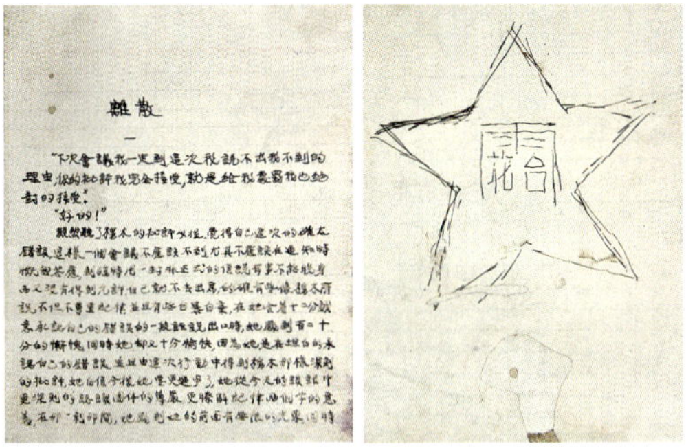

贺瑞麟在狱中写的《离散》

将这些日记和资料完整地交给党组织，成了贺瑞麟最后的心愿。他将日记和书信转交给即将出狱的难友刘德超，嘱咐他待革命成功后交给党组织。

1928 年 10 月 6 日，贺瑞麟从容地走出看守所，走向雨花台刑场，献出了年仅 19 岁的生命。

我去了，同志们不要哭，要坚持革命到底呀！

黄励，1905 年出生于湖南益阳。1925 年加入中国共产党，1932 年任中共江苏省委组织部部长。1933 年 4 月在上海被捕，押解至南京，同年 7 月在南京雨花台慷慨就义，年仅 28 岁。

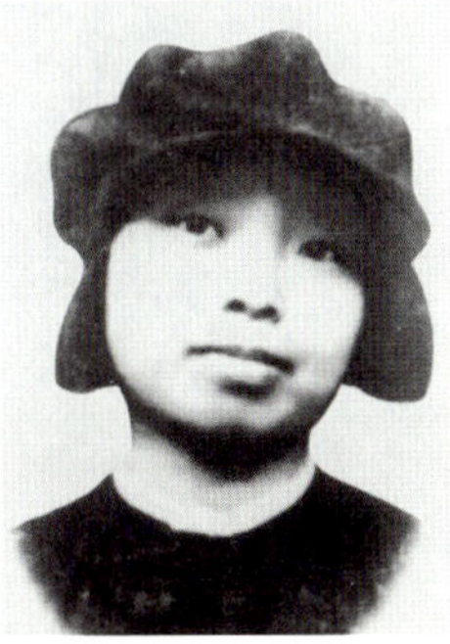
黄　励

1933 年，时任中共江苏省委组织部部长的黄励在上海被捕，解到南京。

黄励被捕后，中共江苏省委发出了营救黄励的紧急通知。1933 年 4 月，国民党上海市公安局急速将黄励解到南京，关押在南京宪兵司令部看守所。当时国民党正提出所谓“三分军事，七分政治”的反革命方针，对在国民党的统治区被捕的共产党人，也从以屠杀为主，转变为以诱降为主，企图瓦解我党。敌人派叛徒、特务来劝黄励投降。面对敌人的利诱，黄励心无所动。

在看守所里，黄励不畏艰险，在狱中开展斗争。她将从报纸和劝降人口中了解、分析的外界革命形势告诉难友们，给他们讲革命故事，教大家唱《国际歌》。她把食物分给生病的同志，帮助体弱的难友缝洗衣物。她甚至对敌开展策反工作，看守所的看守员张良诚在黄励的影响下弃暗投明，帮助她从狱中向外传递消息和信件，避免了党的革命事业遭受更大的损失。

敌人为了消磨黄励的意志，消除她对难友的影响，把黄励一人关进看守所办公室旁的小屋内。黄励毫无惧色地说：“革命不怕死，怕死不革命！”

1933 年 7 月 5 日清晨，黄励即将走向刑场。同监的难友含泪帮她换上干净的衣服，梳理蓬乱的头发。黄励深情地叮嘱她们：“我们最后一定会胜利的，不要为我难过，保重身体，将来为党工作。”

她走出牢房后，对伫立在各监室门口送行的难友们高声说道：“我去了，同志们不要哭，要坚持革命到底呀！”

我们是最快活的人呀！

高文华

高文华，1907 年出生于江苏无锡。1925 年考入黄埔军校第三期，其间参加东征讨伐军阀陈炯明。同年，加入中国共产党。1928 年 3 月被捕，解至南京，关押在南京老虎桥江苏第一监狱。1931 年 7 月 16 日，牺牲于狱中，年仅 24 岁。

雨花英烈中有一群从黄埔军校走出来的革命者，他们大多在第一次国共合作时期加入中国共产党，是北伐战争时期的军中骨干。1927 年四一二反革命政变后，他们坚守共产党人的政治立场，毅然与国民党反动派决裂。他们大多是在国民党营垒开展革命活动和组织群众开展斗争时被捕，在生命的最后关头，抱定心中的主义，高呼“共产党万岁”走上了刑场。

> 我们虽然苦，但我们的良心没有受罪。我们虽然苦，我们依旧有我们至高无上的精神的愉快。总之，我们是真理的追求者，我们是最公正无私的人，我们是最快活的人呀！

这是 1929 年 12 月 22 日高文华写给父亲的家书里的一段话。那时的中国大地，正笼罩在一片白色恐怖阴霾中，中国共产党人在黑暗中苦苦探寻，始终高擎革命旗帜，坚守伟大信仰，高文华便是其中一员。1928 年 3 月 27 日，高文华不幸被捕。敌人软硬皆施，用尽酷刑，高文华自始至终只有一句话：要头有，要名单没有。敌人审问高文华长达 3 个月却一无所获。

虽然深陷囹圄，但高文华在狱中用他的笔继续战斗。他把文字看作武器，下定决心要用这样的枪炮子弹战斗不止。1929 年 3 月，他写成 1700 行的叙事长诗《人祸》，采用童话的形式歌颂共产党领导的人民革命，呼唤革命胜利的到来。1929 年端午节时，他相继完成了《南风》《端午》《屈原》三首诗，深刻表达了自己的爱国情怀。同年 7 月，狱中党支部领导 1000 多名难友开展绝食斗争，抗议监狱当局克扣囚粮。高文华写成《饿囚之哀叫》和《饿囚之死》，无情揭露“模范监狱”的黑暗内幕，极大鼓舞了难友的士气。在经历了 3 年多的狱中迫害后，高文华的身体受到了极其严重的摧残，他敌不过伤寒、瘟疫的侵袭，于 1931 年 7 月在狱中去世，年仅 24 岁。

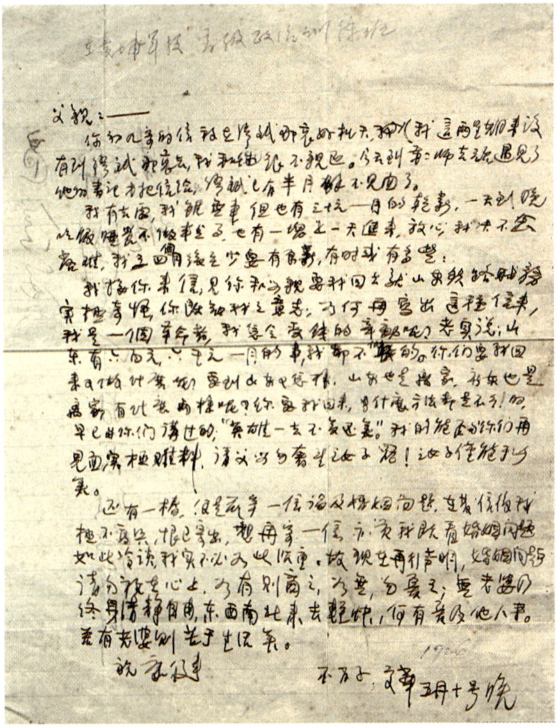

高文华于 1926 年 5 月写给父亲的信

解码红色基因

时至今日，我们依然能从以上故事中清晰地感受到革命者在最后关头的从容和坚信革命终将胜利的决心。成千累万的雨花英烈在参加革命和斗争的过程中，遇到了无数难以想象的困难和险阻，在这些困难险阻面前，他们展现出了无惧无畏的革命乐观主义精神。这种精神贯穿于革命始终，成为激励革命者乃至全体中国人民不断前进的强大精神力量。

什么是乐观主义？乐观主义是一种价值观念，乐观主义者可以忍受失败和重压，但内心从未放弃最终目标，并且坚信胜利一定属于自己。革命乐观主义是革命者对事业、前途和生活充满信心的精神面貌。

恽代英是中国共产党创建时期的重要领导人，他在学生时期就开始了救国救民的探索，确立了共产主义的崇高信仰。大革命失败后，在革命处于低潮和遭受错误对待的严峻考验面前，他不计得失，战斗不止，始终忠于党、忠于人民、忠于革命，并为之流干了最后一滴血。在广州起义面临失败的严峻时刻，他曾对时任警卫团连指导员的陈同生说：“要有决心干三十年革命，那时你还不过五十岁。接着再搞三十年建设，你不过八十岁，我们的希望，我们的理想社会主义恐怕也实现了。那时世界多么美妙！”

李济平

1927年到1934年，处于国民党统治中心的中共南京组织共遭到8次大的破坏。敌人的一次次破坏，都没有扑灭革命的火焰。在残酷的斗争面前，一批又一批共产党员，擦干身上的血，怀揣革命乐观主义精神，义无反顾，前仆后继，时任中共南京市行动委员会书记的李济平就是其中之一。他在年青时前往苏联潜心学习，很少外出闲逛。他常常深有感触地对同学说：“以我家庭和个人条件，在国内继续升学都不可能，何能谈到来外国留学？只有党给我这样的条件。”在革命斗争中，李济平历经艰险却依旧乐观从容。为了实施一系列的革命计划，他把个人安危置之度外。他亲自到浦口、下关检查起义的准备工作；落实赤色先锋队、工人纠察队的组织情况；部署起义时的有关通告、传单的排印工作……直到被捕入狱，他也决不放弃对党的忠诚。敌人虽酷刑审讯李济平，但始终没能从他的口中得到任何情况。

因党组织遭到破坏，1931年4月，陈原道被捕，并被关押在北平草岚子监狱。身为河北省委组织部部长的陈原道深知组织党员开展狱中斗争的重要性。经过商量后，狱中秘密党组织成功组建，陈原道任第一任党支部书记。党支部采用灵活的斗争策略，在反对敌人的“反省政策”、要求改善狱中生活条件等方面取得了积极的效果，狱中党团员紧密地团结在党支部周围，形成一个坚强的战斗集体。1932年，陈原道经党组织营救出狱，赴江苏、上海从事工人运动，1933年因叛徒出卖再次被捕，陈原道在雨花台就义前曾对狱友说：“监狱是我们的学校，我们要在这里认真地得到锻炼，更好地认识敌人！”

面对险恶的斗争，雨花英烈的革命乐观主义精神丝毫不减，他们坚决捍卫初心，誓死追求真理，坚信共产主义必将胜利；面对艰难的前行之路，雨花英烈没有悲观与彷徨，在一次又一次的英勇战斗中催生出强大的革命能量；面对朝不虑夕的危难环境，雨花英烈始终坚持革命乐观主义精神，因为他们坚信，革命之火，永无燃尽之日。雨花英烈身上折射出来的充满希望的革命乐观主义光芒，将永远照亮我们的心灵。

传承英烈精神

雨花英烈精神凝结着可贵的革命乐观主义精神，是先烈留给我们的宝贵精神财富，对于我们实现中华民族伟大复兴的中国梦具有重大的现实意义。一段时期以来，国际形势诡谲变幻，贸易冲突、边境冲突、新冠肺炎疫情……这都给我国经济社会发展增加了很多变量。因此，在暂时的困难面前，稳住阵脚、保持革命乐观主义精神就显得弥足珍贵。

请思考：革命乐观主义精神和盲目乐观有什么区别？我们如何才能更好地继承和弘扬乐观主义精神，使其在当今社会仍能焕发出强大的生命力？

结合以上体悟，请同学们互相合作，完成以下活动。

活动一：雨花英烈诗词诵读活动

雨花英烈留下的一段段动人诗词，为我们讲述了在争取民族独立、人民解放的历史进程中，他们用生命为新中国的诞生铺平了前进道路的故事。在我国改革开放已经取得伟大成就的今天，在一个东方巨人已屹立在世界民族之林的今天，让我们重读雨花英烈诗词，再一次感受革命乐观主义精神！

请以班级或者小组为单位，举办一场雨花英烈诗词的诵读活动，真切感受雨花英烈表现出的革命乐观主义精神的强大震撼力，进一步激发我们战胜一切艰难险阻的决心和力量。

活动二：乐观面对生活中的困难

生活中总会遇到困难，人生中常会面临困境。请你和同学分享一次自己乐观面对困难，积极解决问题的成功经验。

活动三："践行革命乐观主义精神"征文比赛

雨花英烈身上自始至终洋溢着的革命乐观主义精神，是激励我们实现中华民族伟大复兴中国梦的强大力量。而作为共产主义接班人的我们，如何在新时代更好地践行革命乐观主义精神呢？

请以学校或班级为单位，开展一场"践行革命乐观主义精神"为主题的征文活动。

第二节 为了大我舍小我

追忆雨花英烈

人民不解放，我的孩子们也得不到幸福

何宝珍，1902 年出生于湖南道县。1923 年加入中国共产党，1933 年在上海营救被捕同志时被捕，解到南京，1934 年秋牺牲于南京雨花台，时年 32 岁。

何宝珍

“要杀就杀。”当何宝珍与狱外党组织联系被发现后，面对敌人的重新审讯，她从容说出这句话。这四个字从一位有着三个孩子的母亲的嘴里说出来令人震惊不已，这样一位意志坚定又充满柔情的年轻母亲，因为怀着为劳苦大众求翻身得解放的大爱，才能做出舍弃家庭的抉择。

何宝珍出生在一个贫苦农民家庭，从小勤奋好学，1918 年考取衡阳湖南省立第三女子师范学校，在读书期间积极参加学生运动，1922 年加入中国社会主义青年团，同年 9 月因领导学潮被校方开除。经过学校党组织的联系，她来到长沙中共湘区委员会，同年 10 月被分配去安源工作。

1923 年，何宝珍转为中国共产党党员；4 月与刘少奇结成革命伴侣，后随刘少奇先后辗转广州、上海、武汉等地，为革命多方奔走，四海为家。这期间，

何宝珍生下了大儿子刘允斌和二女儿刘爱琴，但为了便于从事革命工作，她将两个孩子先后送给他人代养，忍受着骨肉离别之痛。

1932 年冬，刘少奇离开上海前往瑞金中央苏区后，根据党的决定，何宝珍带着小儿子刘允若留在上海坚持地下斗争。此时，何宝珍任全国互济总会营救部部长，化名王芬芳，以教师身份作掩护，四处奔波，争取社会力量，千方百计地营救被捕同志。她的营救活动引起反动当局的注意，1933 年 3 月被国民党特务逮捕。特务包围其住处时，她立马意识到情况不妙，将年仅 3 岁的小儿子塞到邻居家的大婶怀里，匆匆说了句："请帮我照看一下孩子，过几天会有人来领他。"说完，她便回房销毁相关资料，在儿子的哭声中从容被捕。

在狱中，何宝珍机智地向敌人隐瞒了自己的真实身份，与狱中的党员一道组织难友同敌人展开各种形式的斗争。她被称为"小大姐"，喜欢唱歌、唱戏，擅长表演，在恶劣的环境中用乐观的精神鼓励难友，感染同伴。

但何宝珍也有忧伤的时刻，她常常思念丈夫和三个久未见面的孩子，尤其是紧急情况下托付给邻居的小儿子，每每念及此，她都心如刀绞。但作为一名革命者，她明白身处险境不允许她脆弱，也深知个人利益应当服从党的利益。她对难友们说："干革命还顾得了这些，人民不解放，我的孩子们也得不到幸福，但愿小宝贝们能在艰难的环境中活下去，等革命成功后，找到他们，一定送他们去学习。让他们学科学，学技术，建设我们的新国家！"

1934 年，由于叛徒告密，何宝珍的身份最终暴露。面对敌人一次又一次的严刑拷打，何宝珍始终坚贞不屈，坚守党的机密。正是出于对建设新中国这一远大目标的强烈渴望，她舍弃小我，成就大我。1934 年秋，她在南京雨花台英勇就义，时年 32 岁。20 世纪 50 年代初，刘少奇到南京雨花台缅怀烈士。在烈士纪念碑前，他深情地说："何宝珍同志英勇坚决，为女党员之杰出者。"

最后一发留给自己，决不做俘虏

袁国平，1906 年出生于湖南邵东。1925 年底加入中国共产党。先后参加了北伐战争、南昌起义、广州起义、五次反"围剿"作战和红军长征。

1941 年 1 月在皖南事变中身负重伤，为了不拖累部队突围，举枪自尽，时年 35 岁。1955 年，他的遗骸移葬于南京雨花台望江矶。

袁国平

袁国平出生于一个贫苦的农民家庭，家庭的经济条件仅能让他读完小学，之后他就不得不辍学回家。但是袁国平并没有放弃读书的机会，1922 年，袁国平以优异的成绩考入湖南省立第一师范学校。

在学校里，袁国平接触到了先进思想，开始投入爱国学生运动。1925 年袁国平考入了黄埔军校，成为黄埔军校第四期的学生。毕业后，袁国平一直负责宣传工作。

1937 年冬新四军成立。在新四军的组建工作接近尾声时，新四军政治部主任的人选一直没有确定。在一次毛主席与项英商讨工作时，项英向毛主席说明了这个情况，后屡次向中共中央催要政治部主任。1938 年 3 月，中共中央决定袁国平任新四军政治部主任。毛主席致电项英，特别强调：袁政治开展，经验亦多。

袁国平就任新四军政治部主任后，为了能更好地完成工作，去了很多地方调研。每到一个地方，袁国平都会召开会议，鼓舞士气。他的演讲不仅感染了新四军的战士，还使很多老百姓萌生了参加革命的念头。

当时，群众的抗日热情迅速高涨，连陈毅都说袁国平是一位出色的宣传者。在新四军任职的期间，袁国平为新四军的政治工作提出了很多的建议，有力推动了部队在大江南北进行的游击战争和创建革命根据地的工作。

抗日宣传

1941 年皖南事变爆发，新四军军部遭到了国民党军的围攻。在敌众我寡的情况下，军长叶挺在与国民党谈判时被扣押，项英牺牲，袁国平也在战斗中受重伤。

后来，受伤的袁国平被战友发现，大家轮流背着他一起转移。到了傍晚，转移的部队遭到了敌人的追击，背着袁国平的战士中弹倒下了。随后有其他的战士过来背着袁国平，但随着时间的推移，队伍的人数在减少，速度在变慢，袁国平知道，自己有很大一部分责任。于是当大家在一个破庙门前休息的时候，袁国平将自己身上仅剩的7块大洋交给卫士连副连长李甫说："这是党费！"李甫接过，虽然感觉到一丝异样，但也没有说什么。

趁大家不注意的时候，袁国平拿出自己的配枪，对着自己的脑袋扣动了扳机。袁国平曾经说过："如果有一百发子弹，要用九十九发射向敌人，最后一发留给自己，决不做俘虏。"35岁的袁国平牺牲了。事发突然，大家都措手不及，他们知道，袁国平这是不想拖累大家。

等战士再次行军的时候，就将袁国平的遗体交给当地的百姓，让他们帮忙安葬。新中国成立之后，袁国平烈士的遗体被安葬在南京雨花台望江矶。

豺狼走狗，总有一天你们的末日要来到的！

徐全直，1903年出生于湖北沔阳一个贫苦农民家庭。1922年秋加入中国社会主义青年团，1923年转为中国共产党党员。1927年大革命失败后，辗转江西、上海、东北等地从事党的地下工作。1933年6月在上海被捕，解来南京，1934年2月牺牲于南京雨花台，时年31岁。

1924年1月国民党一大召开后，国共两党实行了第一次合作，武汉地区的革命运动又蓬勃发展起来。1924年秋，中国共产党的创始人之一陈潭秋回到武汉，组建中共武昌地委并担任领导，徐全直则继续从事妇女运动、工人运动工作。徐全直和陈潭秋在共同的革命斗争中建立了深厚的感情，于1925年春结成了革命伴侣。婚后，两人共生下了两子一女。

由于工作紧张，经济窘迫，徐全直的生活非常艰苦。寒冬，她只穿一身夹衣裤，外套一件毛线衣，顶风冒雪到处奔波。有时脚跟冻裂，血流不止，但她若无其事。她常常错过吃饭时间，就用开水泡碗饭吃。母亲心疼地劝她注意身体。她笑着说："现在大家都很困难，以后革命成功了，就会好起来的。"

1933年初，中共临时中央从上海迁往中央苏区。按中央的部署，徐全直夫妇也随中央一起前往江西，但徐全直正处于临产期。陈潭秋只好暂时离别临产的妻子，匆匆踏上赴中央苏区的征途。徐全直与陈潭秋不知道这是他们的永别。

徐全直

陈潭秋离别后不久，徐全直在医院生下了他们的第三个孩子。生下孩子后，徐全直把孩子寄养在一个湖北同乡的家中，继续从事革命工作。

1933 年 6 月的一个上午，徐全直到党的秘密联络点办理去苏区的手续，她不知道这个联络点早已被国民党破坏。当徐全直发现有异常情况准备脱身时，不幸被捕。

在国民党的法庭上，徐全直慷慨激昂地揭露监狱当局任意虐待犯人、克扣犯人伙食的卑鄙行径，并怒斥国民党反动派祸国殃民，镇压革命的罪行：“豺狼走狗，总有一天你们的末日要来到的！”

徐全直被判了 15 年徒刑。母亲得知后十分焦急，托人帮忙搭救。最后，国民党当局答应先把徐全直送反省院进行反省，然后看其表现再确定能否保释。徐全直识破了敌人的阴谋，她坚定地表示：“宁为革命死，决不去反省院。”最后，国民党当局以“拒绝坦白自新，侮谩公职人员，妨碍他人自新，不可理喻”的罪名改判她死刑。

1934 年 2 月 1 日，徐全直在南京雨花台被杀害，时年 31 岁。

解码红色基因

在大我和小我面前，共产党人历来追求的是以奉献小我来成就大我。共产党人所讲的奉献，是“安得广厦千万间，大庇天下寒士俱欢颜……吾庐独破受冻死亦足”的抉择，是“不以一己之利为利，而使天下受其利；不以一己之害为害，而使天下释其害”的取舍。

程履绎曾就读于国立中央大学物理系。他曾在一篇哲学论文中提出，人“须从‘小我’的圈子里解放出来，丢开自己来看自己”，只有在“大我”“小我”之间有所抉择，才能在“生死之际，非常坦然”。1949 年 4 月 1 日，中央大学、

程履绎

金陵大学等十所大专院校师生举行游行请愿，要求国民政府接受中共八项和平条件，不料竟遭到暴徒围殴。程履绎、成贻宾等中央大学同学闻讯，去总统府请愿，要求下令停止暴行，也遭到暴徒殴打，程履绎被打成重伤，于次日去世。

吴光田

吴光田进入东南大学后积极投身工人运动和迎接北伐的斗争。1927 年 3 月，在反动军阀面对北伐军死守南京的情况下，吴光田与校友成律因在校等候武汉方面地下组织前来联系工作，被反动军阀逮捕。在得知即将被军阀判处死刑后，吴光田两次致函同乡转达父母：“不要悲伤，儿并非不孝而离开父母……只是为革命牺牲，余死亦情愿。”成律还嘱咐家人将家产交出，每年资助东南大学或湖南大学学生 2 名，将自己的遗体敬赠医院解剖，支持医学研究事业。

钟天樾

1925 年上海发生了震惊中外的五卅惨案，东南大学学子钟天樾和同学积极参加声援和记洋行工人罢工的斗争。此时把他抚养成人，对他寄予厚望的祖母来信要他回家成亲，钟天樾给祖母的回信中以“国将不国，何以为家”的道理说服了祖母。1927 年，在南京总工会成立大会上，钟天樾被选举为执行委员，并任宣传部部长，正当总工会工作开展得轰轰烈烈之时，1927 年 4 月 10 日，钟天樾在南京大纱帽巷 10 号参加中共南京地委扩大会议时，和与会的绝大多数同志被捕。钟天樾遭到敌人各种酷刑的折磨，几天后，敌人将他秘密杀害。

这些英烈不在乎个人得失，以铁肩担道义，以热血写春秋成为他们的写照。如今我们依旧可以看到具有这种血脉传承的群体，他们在救灾中逆行，在抗疫中逆行，在扶贫中前行，在建设中前行，牺牲个人的利益，勇挑重担也成为他们的写照。

为大我舍弃小我，首先要有理想信念，要从优秀的民族传统文化中获得陶治。为大我舍弃自我，还要有非凡的气度，褪去内心的浮躁和名利，沉下心做事情，用小我的谦恭积聚出大我的自信。

传承英烈精神

作为生活在今天和平年代的青少年，我们也必须传承这种为了成就大我而舍弃小我的精神，做到"一身之利无谋也，而利天下者则谋之；一时之利无谋也，而利万世者则谋之"。

请思考：如果优渥的生活条件和心中的信仰发生冲突时，你会如何权衡和抉择？请结合实际谈谈你在生活中是否遇到过个人利益和群体利益相冲突的情况，是怎么做的？

结合以上体悟，请同学们互相合作，完成以下活动。

活动一：重温历史，雨花诗文再探寻

阅读诗歌，可以形成心灵与心灵的交流，思想与思想的握手，情感与情感的融汇。在雨花英烈留下的诗作中，有很多都表达出为了大我而舍弃小我的崇高境界。请寻找出这样的诗作进行阅读体会，并作摘抄和交流。

活动二：歌颂英烈，革命精神再弘扬

文艺是时代前进的号角，最能代表一个时代的风貌，最能引领一个时代的风气，共产党人在雨花台留给我们的红色遗存、精神印记，是我们弥足珍贵的财富和资源。用文艺的方式歌颂英烈，从历史中总结经验，汲取力量，坚定政治信仰，树立积极向上的生活态度。

请以学校为单位开展一次红色主题的文艺演出，并组织全体师生观看。

活动三：关注生活，红色基因永传承

雨花英烈精神中为了大我而舍弃小我的品质，是先烈用自己的人生塑造出的跨越时空的精神品质，在今天仍有着广泛的实践价值。

请你选择身边的同学，或老师，或亲友进行一次采访，了解并感悟他们身上所具有的为了大我舍小我的感人事迹和精神。

第三节　坚守初心勇牺牲

追忆雨花英烈

我的死是为着社会、国家和人类，是光荣的，是必要的

史砚芬，1904 年出生于江苏宜兴。1927 年春加入中国共产主义青年团，不久转为中国共产党党员，同年 11 月，任中共南京市委委员兼共青团南京市委书记。1928 年春，任共青团江苏省委巡视员。1928 年 9 月 27 日，在南京雨花台壮烈牺牲，年仅 24 岁。

史砚芬

1928 年 9 月 27 日，是传统中秋佳节的前一天。

这一天，天刚蒙蒙亮，中共南京地下组织的几名青年党员被押向雨花台刑场。

其中一位年轻人挺胸昂首，一面向难友挥手告别，一面高唱《国际歌》，从容地走完了生命的最后一程。被枪杀时，他年仅 24 岁，此时他的职务是共青团江苏省委巡视员。他的亲人冒险前来收殓时，在他内衣的口袋里，发现了一封血迹斑斑的诀别信。

亲爱的弟弟妹妹：

我今与你们永诀了。

我的死是为着社会、国家和人类，是光荣的，是必要的。我死后有我千万

同志，他们能踏着我的血迹奋斗前进，我们的革命事业必底于成，故我虽死犹存。我底肉体被反动派毁去了，我的自由的革命的灵魂是永远不会被任何反动者所毁伤！我的不昧的灵魂必时常随着你们，照护你们和我的未死的同志，请你们不要因丧兄而悲吧！

这封诀别家书的主人正是雨花英烈史砚芬。

史砚芬领导农民起义用的红臂带

中学期间，史砚芬就投身到五四爱国运动的洪流中，积极追求救国救民的真理。1927 年春，北伐军进抵宜兴，史砚芬开始接触马克思列宁主义思想，逐步树立起共产主义信念。不久，他加入中国共产主义青年团，参与组织农民协会，与土豪劣绅进行斗争。在轰轰烈烈的革命斗争中，史砚芬转为中国共产党党员，任共青团宜兴县委书记。

1927 年 11 月，在中共江苏省委领导下，震撼大江南北的宜兴农民起义打响了江南农民武装斗争第一枪，史砚芬担任这次起义的副总指挥。宜兴农民起义失败后，史砚芬被任命为共青团南京市委书记。他深入南京及周边地区，宣传八七会议精神，发动组织民众。从此，他活跃在南京各大校园内外，领导学校团组织开展革命斗争。

1928 年 5 月 5 日，在中央大学附近的鸡鸣寺城墙上，史砚芬又一次参加共青团中大支部会议，出席会议的共有 20 多人。会后，史砚芬和中大学生黄觉庵、王汇百一道走进中央大学侧门时，发现被人跟踪。三人决定出校门后分散走开，甩掉“尾巴”，可是刚走到校门口即被警察逮捕，旋即押送至警察局。

史砚芬、黄觉庵、王汇百被分别关押在三个房间。晚上 9 时，敌人开始审讯。王汇百在审讯中供出三人都是共产党员，但史砚芬和黄觉庵拒不承认。敌人恫吓并利诱道：“不承认就打死，承认了保证没有生命危险，并给事做……”

在狱中，史砚芬受尽了敌人的严刑拷打，始终坚贞不屈，敌人便把他转押到国民党首都卫戍司令部看守所进一步折磨。敌人对这个坚强的共产主义战士束手无策，最后通过南京国民政府特种刑事法庭以“意图颠覆党国”之罪判处他死刑。

知道自己将不久于人世，史砚芬最放心不下的就是未成年的弟弟妹妹。他拖着伤痕累累的身体，坐在昏黄的灯光下，在纸上写下了留给亲人的最后一封诀别家书。

1928年9月27日，史砚芬在南京雨花台英勇就义，这一天，史砚芬烈士的生命永远地定格在了24岁。

不能为社会上的被践踏的人类谋些幸福，那我怎能对起母亲呢

陈景星，1908年出生于辽宁海城。1929年7月考入金陵大学，10月加入中国共产党，后任支部书记。1930年8月被捕，9月4日凌晨，在南京雨花台英勇就义，年仅22岁。

陈景星

童年的陈景星酷爱学习，天资聪明。高中时期，《北伐宣言》和北伐战争激发了他强烈的革命救国思想。1927年四一二反革命政变，许多革命志士遭到杀害。陈景星怀着忧国忧民之心，组织了海城同学会，号召同学为民族崛起、抵御外患而奋斗。

目睹家乡官员的贪污腐败，陈景星大失所望，便与同学到南京去求学。1929年6月，陈景星考入金陵大学，他深感国民革命失败了，需要新的革命。在白色恐怖极为严重与我党处境非常困难的时期，陈景星于1929年10月毅然加入了中国共产党。他组织同学顽强斗争，经常散发传单，进行反帝斗争游行，他把所在的党组织建设成了南京坚强的地下斗争堡垒。

1930年2月，上海的进步人士在中共地下组织的领导下，由鲁迅牵头，发起了“中国自由运动大同盟”，要求保障民权，反对国民政府的专制统治。陈景星据党组织的指示，和中央大学等学校的一些学生共同成立了“南京自由运动大同盟”。

1930年4月5日，中共南京市委组织学生声援和记洋行工人的罢工斗争。

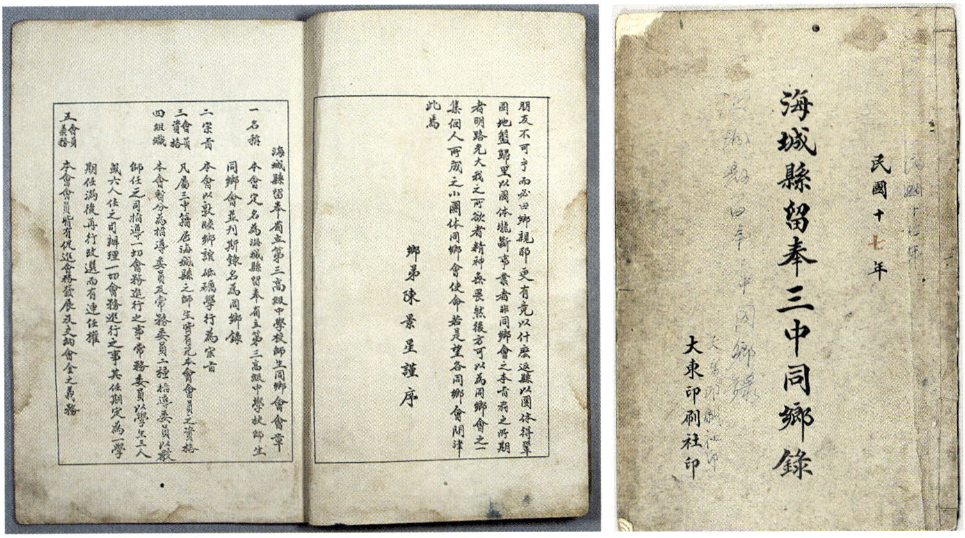

陈景星《同乡录序》

英国资本家开办的和记洋行每年以低廉的工资招雇季节工人，对工人进行残酷的剥削，并无理解雇工人。资本家把大量蛋类加工后运回英国，攫取巨额利润。所以，中共南京市委决定让下关和记洋行的工人打头阵，联合蛋厂工人起来同英国资本家斗争，要求增加工资，改善待遇。陈景星负责组织了这次斗争，他把全校师生动员起来参加游行。当工人和学生会师后，立即举行了群众大会。中共南京市委进一步部署城内外各支部，发动群众示威游行，声援和记洋行工人的斗争。

陈景星带头高呼“反对英国资本家压迫工人”“声援和记工人的正义斗争”等口号。原来只有几百人的游行队伍扩大成了上万人的长龙，这吓坏了资本家，他们立即下令关闭和记洋行前后门，并在屋顶架起机枪，阻挡游行队伍前进。陈景星等领着游行队伍对停在长江上的日本军舰高呼“打倒帝国主义”等口号，待军警赶来镇压时，学生队伍早已安全撤回学校了。

1930 年 8 月末，陈景星等人遭特务逮捕。当审判时，陈景星临危不惧，在法庭上义正词严地痛斥国民党反动政府，揭露其卖国求荣的丑恶嘴脸。虽然受尽了酷刑折磨，但他坚贞不屈，始终没有泄露党的机密，表现了一个共产党员坚守初心的崇高革命气节。

敌人软硬兼施，结果一无所得。1930 年 9 月 4 日凌晨，一批国民党军警冲进牢房，将陈景星等同志押到刑场。陈景星在南京雨花台英勇就义，年仅22岁。

被捕前两个月，陈景星因留在南京领导革命活动，放弃了暑期回辽宁老家看望母亲、妻子和幼女的打算。他给远在千里之外的母亲写了一封长信："母亲，你对我的爱、对我的体贴，那是使我时时不会忘记的……你为我挨了很多的累，吃了很多的苦，甚至于被债主们的逼迫，处处方面你都代表着慈母的爱……然而慈母爱儿的亲热，我能如何报答呢……我常想，我若是读了很多的书，不能为社会上的被践踏的人类谋些幸福，那我怎能对起母亲呢，怎能对起母亲疼儿一场呢。"

我就是对着敌人的枪口加入共产党的！

石璞，1913年出生于辽宁铁岭。1929年7月，与陈景星一同考入金陵大学。后在陈景星的帮助下，加入了中国共产党。1930年8月被捕，9月4日凌晨在南京雨花台被敌人杀害，年仅17岁。

石　璞

和陈景星从奉天一起到南京求学的同学中，有一位年轻人——石璞。

石璞天资聪颖，是家乡有名的神童，他的家庭也比较富裕，本可以过着优裕的生活，但他却毅然投身到救国救民的事业中。1929年6月，石璞满怀着学成大业、拯救中华的壮志，与陈景星等人结伴从沈阳经大连乘日本客轮"大连丸"号去上海。上船后，他从同船的旅客口中得悉，"大连丸"号轮船原来是北洋海军的一艘军舰，1894年中日甲午战争后，这艘军舰被日军掠夺之后改装成客轮，并由日本人专营大连到上海的航运。听到这里，他怒视船上飘动的"膏药旗"，又联想到自己的家乡被帝国主义侵占蹂躏，更加义愤填膺，怒不可遏。

1929年7月，他同陈景星等人一同考入金陵大学。在陈景星的启发和帮助下，石璞开始接触共产主义。1929年底，石璞加入中国共产主义青年团，不久转为中国共产党党员。

此时南京弥漫着白色恐怖，然而石璞却毫无畏惧，他说："在南京，不准备杀头，就不要加入共产党！我就是对着敌人的枪口加入共产党的！"他还立下"努力才是人生，颓唐只见人死。勿以恶小而为之，勿以善小而不为。思想要系统化，行动要纪律化，生活要平民化。勿悲观、勿怠惰、勿自傲"的座右铭勉励鞭策自己。

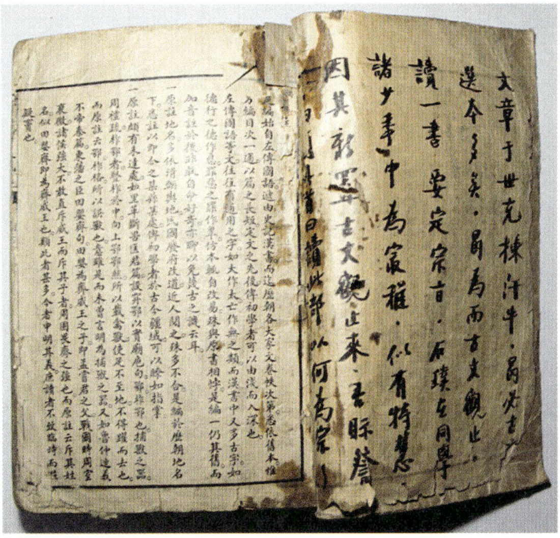

石璞读过的《广注古文观止》

加入党组织后，石璞夜以继日地为革命奔波，积极参加抗议帝国主义的奴化教育等革命活动。在一次次的锤炼中，石璞成长为信仰坚定的共产主义战士。1930 年暑假前夕，东北籍同学约他回乡，他因忙于革命活动而婉拒："两个月假期，我留在南京学校中，能做很多事！我这个暑假就不回东北家乡了。"

就在当年 8 月，石璞不幸被捕。敌人想以"年少无知，误入歧途，愿悔过自新，可免一死"来劝降他，被石璞断然拒绝。无果后，狠毒的敌人最后以"甘心附共，图乱首都，无法可恕"为由，竟将他的年龄从 17 岁改为 19 岁，对他处以极刑。

解码红色基因

无论是史砚芬，还是陈景星、石璞，在他们身上，年龄早已不是信仰的界限，出身也不是动摇的助剂。在那个追寻真理与未来的年代，为党的事业而奋斗终生成为共产党人的行动号角，曙光来临之前，为了崭新的中国和发光的真理，不惧牺牲个人生命的

雨花台烈士陵园的丁香园

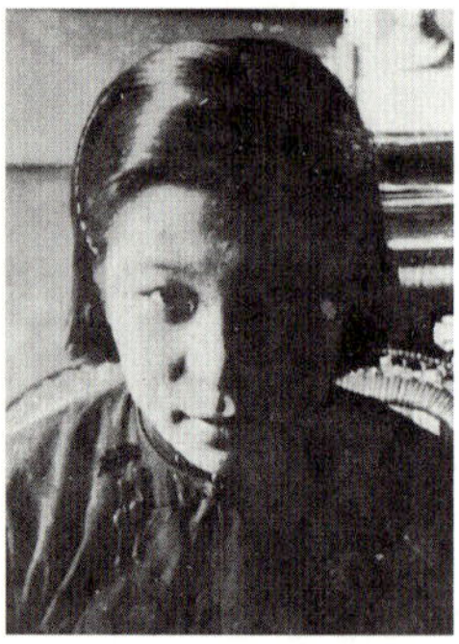

丁　香

英烈更是不计其数。

年轻的丁香就是其中一员。丁香是一名出生在苏州的弃婴，从小被一位美籍女牧师收养。在大学校园里，她遇到了进步青年乐于泓。他们有着共同的理想。四一二反革命政变后，面对国民党反动派的残酷屠杀，他们没有彷徨，在腥风血雨中先后加入了中国共产党。1932 年 4 月，经党组织批准，两人在上海结婚。新婚不满 5 个月的丁香被上海党组织派去北平参加一个秘密会议，因被叛徒出卖，不幸被捕。敌人带来她的美国养母，企图用亲情软化她。养母劝她：“孩子，只要在悔过书上签字，咱们就能保释出狱去美国！”可是，丁香拒绝了。她说：“妈妈，我不能走，美国是妈妈的祖国，而我，更爱我的祖国！”无计可施的敌人只得将丁香押至南京，作为“共党要犯”关进铁牢。不日，又秘密将她杀害于雨花台。这年丁香才 22 岁，已有 3 个月的身孕。

陈子涛

陈子涛，从小酷爱读书，1946 年来到上海，担任进步刊物《文萃》的编辑。《文萃》因尖锐泼辣地揭露与抨击国民党的反动政策，引起国民党当局的注意，反动当局千方百计地企图查封它。《文萃》不得已转入地下，1947 年 3 月，刚入党的陈子涛担任主编，为便于隐藏，编辑部实行流动办公。不幸的是，1947 年 7 月 23 日，陈子涛被捕。中统特务对他施行种种酷刑，进行惨无人道的摧残，但他凭着对初心的坚守和共产党员钢铁般的意志，始终没说一句有害人民的“供词”。1948 年 12 月 27 日夜，陈子涛、骆何民等人被毒死，并被秘密掩埋在雨花台东南方的宝林庵后山。在第十期也是最后一期《文

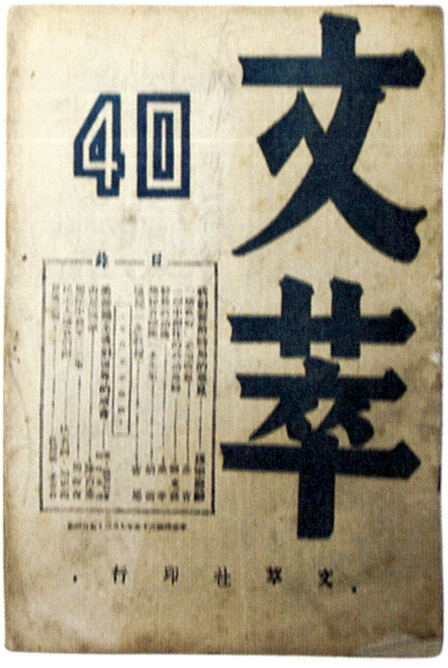

陈子涛主编的杂志

萃》丛刊中，陈子涛在前言里写道：“亲爱的读者们，这本小册子是我们用血的代价换来的，希望你保藏它，并把它传遍开去……”

毛福轩

毛福轩，1897 年 4 月出生于湖南省湘潭县，早年跟随毛泽东走上革命道路。贫苦农民的出身，让他深知百姓的疾苦。1922 年，毛福轩前往江西安源煤矿，协助毛泽东从事工人运动。毛福轩在安源工作一年半，并在这里加入了中国共产党。1928 年春，他被调往上海从事地下出版工作。一年后，他受党组织派遣，化名毛恩灏，打入国民政府金山县警察局当巡警。1930 年秋，他根据中共江苏省委的指示，与金山县委设在朱泾镇木货店的秘密交通站取得了联系。此后，他便通过这个交通站，开始指导县委的军事工作。他凭自己的机智勇敢，利用公开身份的职务之便，多方为党搜集情报，设法救护革命同志。1933 年 2 月 27 日，由于叛徒的出卖，毛福轩被国民党特务秘密逮捕。他被敌人作为“要犯”，先关在上海监狱，后押解至南京。敌人以为钓到了“大鱼”，对他严刑逼供，逼他说出党的机密。面对酷刑，毛福轩坚贞不屈，怒斥敌人：“要杀就杀，不必多言。”1933 年 5 月 18 日，毛福轩在南京雨花台英勇就义，时年 36 岁。

坚守初心，不畏牺牲，从来都是雨花英烈的生命写照。无数的雨花英烈，为了信仰和祖国献出了自己的生命，他们坚守初心、勇于牺牲的大无畏精神，永照后人！

传承英烈精神

雨花英烈在“坚守初心”和“保全性命”的选择上，毅然决然地“舍生取义”。这种“取”和“舍”的选择，充分反映了共产党人“人生自古谁无死，留取丹心照汗青”的气概，充分辉映出共产党人“宁为玉碎，不为瓦全”的气节。我们正处于先烈们用生命换来的和平年代，新的时代背景下，雨花英烈精神依然有着鲜明的时代价值与意义。

请思考：在酷刑与危险面前，为什么雨花英烈不畏牺牲个人生命？他们身上的共同点是什么？处于和平年代的我们，应该如何继承和发扬这种精神？

结合以上体悟，请同学们互相合作，完成以下活动。

活动一：雨花英烈故事汇

无数的雨花英烈不怕牺牲，英勇斗争，为的是中国有一个光明而和平的未来。其中，先烈们可歌可泣的奋斗故事，感人至深的革命情怀，激励着我们去学习、去践行。

请以小组为单位，自主搜集本节雨花英烈或其他烈士为坚守初心而勇于牺牲的具体事迹，可选择查阅书籍、网上浏览、纪念馆调查以及采访等途径，搜集完后，进行班内展示。

活动二：“雨花信仰”主题板报

知之愈深，信之愈笃。对于雨花英烈精神，我们要乐于赞颂、真诚赞颂、永远赞颂。

请围绕本节所展现的雨花英烈事迹，小组合作，设计手抄报或黑板报，要求赞颂雨花英烈坚守初心的精神并突出其时代价值。

活动三：“传承雨花英烈精神”志愿宣讲活动

习近平总书记强调，青年最富有朝气、最富有梦想，青年兴则国家兴，青年强则国家强。作为青少年学生，挖掘雨花英烈资源、讲好雨花英烈故事、弘扬雨花英烈精神，是在社会中历练才干的一次好机会。

请以小组为单位，利用清明节或烈士纪念日等重要时间节点，深入社区，依托前期搜集的故事汇等成果，进行主题宣讲，传播与弘扬雨花英烈精神。

下篇

践行雨花英烈精神

科学社会主义把人类解放的历史使命直接赋予了无产阶级，人类社会由资本主义向社会主义、共产主义的发展必须经过工人阶级和人民群众自觉的长期的斗争才能实现，雨花英烈精神正是中国共产党人在这一斗争中，用生命铸就的伟大的民族精神。雨花英烈精神在我们的传承践行中，必将激发出巨大的前行力量。

第一章 传承红色基因

现在的中国，在中国特色社会主义道路上实现了两个“不可逆转”：不可逆转地结束了内忧外患、积贫积弱的悲惨命运；不可逆转地开启了不断发展壮大、走向复兴的历史进程。现在的中国，比历史上任何时期都更接近中华民族伟大复兴的目标，比历史上任何时期都更有信心、有能力实现这个目标。当我国在经济、政治、文化、社会、生态文明、国防和军事及执政党建设等方面取得令世界瞩目的成就的背景下，雨花英烈精神等系列红色革命精神还有现实意义吗？

答案是肯定的！庄严的雨花台，见证雨花英烈高尚的精神；巍峨的雨花碑，指引革命建设光辉的道路。

雨花英烈精神体现了中国共产党人的初心和使命及红色基因。雨花台革命文物和革命纪念地具有很高的历史、科学、教育等价值，是展现中国共产党党史、中国革命史、中国近现代史的重要历史见证，凝结着中国共产党人和进步人士的奋斗历程与优良传统，承载着不朽的红色文化传统，是对广大青少年进行爱国主义、革命传统和社会主义乃至共产主义远大理想教育的生动教材。

青少年学生传承雨花英烈精神，首先要把自己的学业和国家民族的发展统一起来。雨花英烈中，有不少是当年的学霸，有的是大学生，有的是海归。他们发奋学习，不是为了当官发财、光宗耀祖，而是怀揣一颗悲悯苍生之心，从

相关链接

也许那时的年轻人（指生活在今天的我们。——编者注）……也不易领会我们走过的令人难以设想的崎岖道路，我们吃尽苦中苦，而我们的后一代则可享到福中福，为了我们最崇高的理想，我们是舍得付出代价的。

——恽代英

事着打破一个旧世界，建立一个新世界，救民于水火的伟大事业。

正是因为有着高远的志向和执着的追求，雨花英烈才会奋发图强，以自己的所学去拯救国家，报效国家。我们青少年学生面对繁重的学业，也应走出小我，将自己的学业融入民族复兴伟业中。只有立志高远，才能对自己的生命价值有高追求，才能对自己的学业和人生发展有大规划，才能不断激发自己的学习动力，不断塑造更加美好的自己。

青少年学生传承雨花英烈精神，还应满怀感恩之情，珍惜当下来之不易的美好生活，努力实现中华民族复兴大业的中国梦。今天我们的美好生活不是天下掉下来的，而是自鸦片战争以来，尤其中国共产党成立以来，由无数在人民解放战争中和人民革命中牺牲的人民英雄用鲜血和生命换来的，是由无数在新中国和社会主义建设事业中奋斗的劳动人民用智慧和汗水换来的。我们作为“吃水者”和“乘凉者”,不应忘却“挖井人”和“栽树人”的英勇和艰辛付出。

英烈是用来铭记的，英烈是用来敬仰的，英烈是用来效仿的，英烈是用来告慰的。青少年学生传承雨花英烈精神，应当对英烈存有尊崇之心，深入学习领悟他们的精神内涵，将对他们精神的学习付诸日常行动。同时，我们也要清醒认识到西方反华势力和国内少数别有用心之徒，他们惯于污蔑、黑化我们的民族英烈，以此图谋摧毁我们民族的精神信仰。拒绝黑化英烈、消费英烈，是我们每个公民的法律底线。

青少年学生学习雨花英烈精神，积极传承革命传统，要立志肩负起民族复兴的时代重任。我们通过认真学习雨花英烈的革命主张和革命家书，参观雨花

相关链接

1929年，郭凤韶考取南京晓庄学校后给自己制定的1930年全年的计划：

一、我要做的研究：

1. 戏剧；2. 音乐；3. 社会问题；4. 科学。

二、我要用的书：

1. 教育书（八十万字）；2. 科学书（三十万字）；3. 社会问题书（三十万字）；4. 戏剧（二十万字）；5. 音乐（二十万字）；6. 农事（十五万字）；7. 文学（六十万字）；8. 儿童文学（四十万字）。

三、我要做的文字：

1. 和小朋友通信（五十封）；2. 大朋友（一百封）；3. 家长（三十封）；4. 写文（五十篇）；5. 儿童文学（三十篇）；6. 戏剧的文章（三十篇）。

四、时间的分配：

1. 每天八小时睡觉；2. 六小时参加小学活动；3. 四小时用书文；4. 两小时运动及农事；5. 两小时关于我自身的修养；6. 其他。

五、事业方面：

1. 试验小厨房办法；2. 参加小剧场及电影院的工作；3. 参加修造晓庄内道路工作；4. 参加开辟中心农场；5. 布置校景；6. 参加剧社演剧。

台革命文物和革命纪念地，深刻认识到红色政权来之不易，新中国来之不易，中国特色社会主义来之不易，要让革命传统和红色基因浸入心扉、渗进血液；要树立正确的世界观、人生观、价值观，不断增强对中华文化、中国共产党、中国特色社会主义的认同，把爱国情、强国志、报国行自觉融入坚持和发展中国特色社会主义事业、建设社会主义现代化强国、实现中华民族伟大复兴的奋斗之中。

相关链接

《中华人民共和国英雄烈士保护法》第二十二条规定：

禁止歪曲、丑化、亵渎、否定英雄烈士事迹和精神。

英雄烈士的姓名、肖像、名誉、荣誉受法律保护。任何组织和个人不得在公共场所、互联网或者利用广播电视、电影、出版物等，以侮辱、诽谤或者其他方式侵害英雄烈士的姓名、肖像、名誉、荣誉。任何组织和个人不得将英雄烈士的姓名、肖像用于或者变相用于商标、商业广告，损害英雄烈士的名誉、荣誉。

社会各界参加纪念英烈活动

第二章 强化责任担当

中国共产党从成立起就把实现社会主义、共产主义确定为自己的纲领。一直以来，共产主义远大理想激励了一代又一代共产党人英勇奋斗。

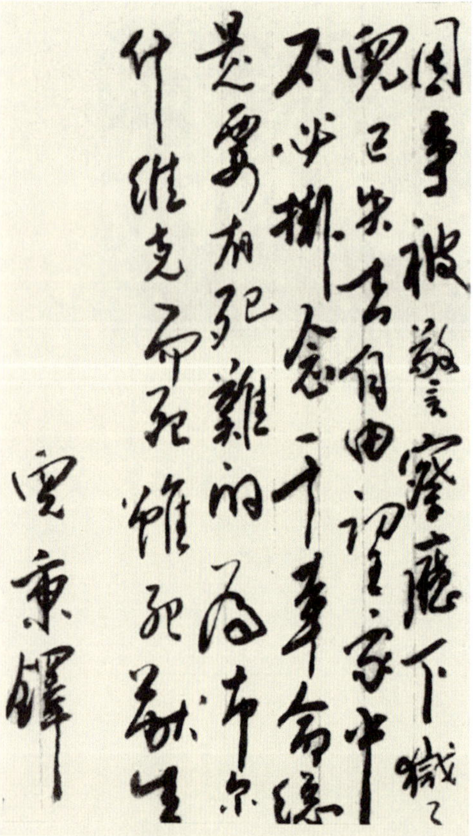
因事被警察厅下狱
儿已失去自由，望家中
不必挂念。干革命总
是要有死难的，为布尔
什维克而死，虽死犹生
胡秉铎

胡秉铎在狱中写给家人的信

理想信念就是共产党人的“精神之钙”。崇高的理想信念属于精神体系里的基础部分，堪称雨花英烈精神的灵魂。对马克思主义的信仰，对社会主义和共产主义的信念，是共产党人的政治灵魂，是雨花英烈开展一切革命行动的动因和出发点，指引着他们在各种艰难困苦的条件下为理想信念宁愿舍弃一切、慷慨赴死，鼓舞着他们始终战斗在党最需要、革命最危急的地方。雨花英烈把雨花台当作为革命献身的战场，当作证明对党的忠诚、证明崇高信仰、证明共产主义信念的地方。

学习雨花英烈精神，我们更应该坚定共产主义理想信念。心有所信，方能行远。雨花英烈的坚定信念体现在他们坚信马克思主义和社会主义是救国救民的唯一正确道路。学习雨花英烈精神，能够使我们从中深刻认识党领导人民进行艰苦卓绝的斗争历程，在缅怀先烈中厚植报国情怀，在感悟辉煌中强化共产主义必胜的信念。雨花英烈精神蕴含的“理想信念高于天”的信仰力量，无论过去、现在还是将来，都是指引和支撑中国人民站起来、富起来、强起来的强大精神力量。

学习雨花英烈精神，我们更应该担负起实现中华民族伟大复兴中国梦的历史责任。实现中华民族伟大复兴，是中华民族近代以来最伟大的梦想。这个梦想，凝聚了几代中国人的夙愿，是每一个中华儿女的共同期盼。全面建成小康社会，实现第一个百年奋斗目标，在中国共产党奋斗史、新中国发展史、中华民族文明史上都具有里程碑意义。在此基础上，我们将继续艰苦奋斗、锐意进取，为实现第二个百年奋斗目标、实现中华民族伟大复兴而奋力拼搏。

雨花英烈是当年的“高富帅”，他们的“高富帅”不是今天的虚荣、肤浅、物化的“高富帅”。他们的“高”，是对马克思主义有高度的信仰、对伟大的祖国有高度的热爱、对新中国有高度的憧憬；他们的“富”，是对旧社会压迫中国人民的“三座大山”饱含仇恨、对水深火热中的中国人民富有悲悯、对革命事业富有信仰和激情；他们的“帅”，是面对敌人的利诱和严刑不改自己的初心与忠贞的率真、是走向刑场昂起高贵头颅义无反顾的勇气！

要实现中华民族伟大复兴，把我国建设好、发展好，离不开理想信念的力量。中国特色社会主义进入新时代，展现了中华民族伟大复兴的光明前景。征途漫漫，唯有奋斗！我们青少年学生应该坚定理想信念，增强政治认同、思想认同、理论认同、情感认同，筑牢信仰之基、补足精神之钙，扣好人生的第一粒扣子。

相关链接

1944年成贻宾在升入高一级学校时，在写给未婚妻的信中提出了“新生十大信条”：

一、一个新生，是一定有着新的人生观。新的人生观，是活泼的、乐观的、健全的。

二、一个新生，一定有丰富的学术、丰富的学识。来源于正确的理解、仔细的观察。

三、一个新生，一定有规律的生活。严格的律己，忠诚地待人。

四、一个新生，一定有果敢的毅力。要咬紧牙关，不屈不挠地，和黑暗的阻挫斗争。

五、一个新生，一定有高尚的品格。不欺骗人，同时也不欺骗自己。

六、一个新生，一定是勤俭的。能自己做的事，必得自己去做，能省的费用，必得节省。

七、一个新生，一定是乐群助人的。不可自私自利，要随时牺牲自己，为了大众！

八、一个新生，一定是朴实的。不唱高调，不蹈浮夸，而切实地努力于工作和事业。

九、一个新生，一定是爱国家、爱民族的。同时也是爱父母、爱师长、爱一切可爱的人的。

十、一个新生，一定有着高贵的爱情。要始终亲爱、谅解、安慰着甜蜜的爱人。

第三章 践行报国之志

学习雨花英烈精神，增添前行动力。雨花英烈奋斗的那个血雨腥风的年代已成为永远的过去，但雨花英烈精神通过一代又一代青年的传承，会成为今天和将来的永远。雨花英烈为自己的初心，为自己的信仰，为自己认定的目标而勇于舍弃小我、勇于承担重任、勇于执着前行的精神品质，将会——并一定会烙印在我们的身上，会永远激励我们不畏学习困难，不堕报国之志，为我们在民族振兴的道路上不断前行增添不竭的动力。

学习雨花英烈精神，厚植爱国情怀。爱国主义是我们民族精神的核心，是中国人民和中华民族同心同德、自强不息的精神纽带。面对国家和民族的生死存亡，无数雨花英烈将个人命运与振兴中华的奋进历程紧密联系在一起，奏响了气吞山河的爱国主义壮歌。和平年代，爱国主义依然是民族不屈的脊梁。

相关链接

我是始终要为人民大众利益奋斗的，什么也不能动摇我，我将我的生命献给我们的党与人民大众。

个人死不足惜，全国人民未解放，责任未了，才是千古遗憾！

——罗登贤烈士在狱中对前来探望的同志说的话

戍边官兵用生命守卫祖国

无论在烽火硝烟的革命年代，还是岁月静好的和平时期，总有一群人在替我们负重前行。我们的戍边官兵说：“张开双臂，我们身后就是祖国！”“我们就是祖国的界碑，祖国山河寸土不让！”正因为有人守护团圆，才有万家团圆；正因为有人以身许国，才有山河无恙。

学习雨花英烈精神，立志报效人民。雨花英烈是一群中华民族最优秀的儿女，他们把人生和理想深深扎入谋求民族复兴、人民幸福的基石之中，他们奋斗的一生很好地诠释了中国共产党人的初心使命、理想信念和家国情怀，彰显了他们志在为人民建立理想中美好的社会主义乃至共产主义社会的担当。正因为这样，砥砺人心的雨花英烈精神才永远镌刻在历史的丰碑上！

波澜壮阔的中华民族发展史，是中国人民书写的；博大精深的中华文明，是中国人民创造的；历久弥新的中华民族精神，是中国人民培育的。党的根基在人民，血脉在人民，力量在人民。习近平总书记指出：“未来属于青年，希望寄予青年。一百年前，一群新青年高举马克思主义思想火炬，在风雨如晦的中国苦苦探寻民族复兴的前途。一百年来，在中国共产党的旗帜下，一代代中国青年把青春奋斗融入党和人民事业，成为实现中华民族伟大复兴的先锋力量。新时代的中国青年要以实现中华民族伟大复兴为己任，增强做中国人的志气、骨气、底气，不负时代，不负韶华，不负党和人民的殷切期望！”

相关链接

请党放心，强国有我！（节选）

今天，我们站在天安门广场，紧贴着祖国的心房
今天，我们歌颂人民英雄的荣光，见证如他们所愿的梦想
今天，我们向党致以青春的礼赞
走过百年，风华正茂的中国共产党

今天，我们对党许下青春的誓言
新的百年，听党话、感党恩、跟党走
同心向党，奔赴远方
妈妈对我说，在每个人心中，中国共产党都是光荣的模样
党是冉冉升起的旭日，驱散黑暗，带来光明
…………
新时代的号角响彻河山
脱贫攻坚，全面小康，千年梦想今朝实现
坚持以人民为中心
嫦娥探月，蛟龙深潜，大国重器世人惊艳
科技强则国家强
生态文明，绿色低碳，美丽中国展开画卷
绿水青山就是金山银山
和平发展，合作共赢，“一带一路”互通互联
推动构建人类命运共同体
新阶段、新理念、新格局
中国道路，中国奇迹举世称赞
为人民谋幸福，为民族谋复兴
满足人民对美好生活的向往
矢志不变
江山就是人民，人民就是江山
梦在前方，路在脚下
我们都是追梦人

为实现第二个百年奋斗目标，为实现中华民族伟大复兴的中国梦，准备着；为共产主义事业而奋斗！时刻准备着；不忘初心，青春朝气永在，志在千秋，百年仍是少年，奋斗正青春！青春献给党！

请党放心，强国有我！

——庆祝中国共产党成立100周年大会上共青团员和少先队员代表集体致献词

活动一：主题班会“学党史 强信念 跟党走”

一、活动背景

习近平总书记指出：“我们党领导的革命、建设、改革伟大实践，是一个接续奋斗的历史过程，是一项救国、兴国、强国，进而实现中华民族伟大复兴的完整事业。”中国走过的历程，中国人民和中华民族走过的历程，是中国共产党和中国人民用鲜血、汗水、泪水写就的，充满着苦难和辉煌、曲折和胜利、付出和收获，这是中华民族发展史上不能忘却、不容否定的壮丽篇章，也是中国人民和中华民族继往开来、奋勇前进的现实基础。同学们学党史，正确了解党和国家历史上的重大事件和重要人物，才能使红色基因渗进血液、浸入心扉，进而树立正确的世界观、人生观、价值观，坚定信念跟党走，实现中华民族伟大复兴的中国梦。

二、活动目标

1. 了解中国共产党领导中国人民从胜利走向新的胜利，从成功走向更大成功的探索史、奋斗史、创业史和发展史，汲取党的百年辉煌历程中丰富的历史智慧、强大的精神力量和丰厚的道德滋养。

2. 自觉接受红色教育，不断感悟和激发青春热情，巩固和升华理想信念；学史明理、学史增信、学史崇德、学史力行。

3. 历经百年探索和实践，社会主义在中国焕发出强大的生命力和活力，中国特色社会主义道路越走越宽广。通过主题班会课，感受我国的大国风范、强国之美。

三、活动流程（以下方案可根据需要进行选择）

方案一：聆听党史故事　感受百年风华

在一百年的非凡奋斗历程中，一代又一代中国共产党人顽强拼搏、不懈奋斗，涌现了一大批视死如归的革命烈士、一大批顽强奋斗的英雄人物、一大批忘我奉献的先进模范，形成了一系列伟大精神，构筑起了中国共产党人的精神谱系。

雨花台烈士陵园中心纪念区局部

活动建议：红色故事大家讲。同学们搜集革命烈士、英雄人物以及在祖国建设和抗击新冠肺炎疫情中涌现出的先进模范的典型事迹或故事，在班会中进行分享。（讲党史故事的主体也可以是老师、家长或先进模范人物等。）

方案二：观看红色影片　体会精神谱系

习近平总书记在庆祝中国共产党100周年大会上说："中国共产党一经诞生，就把为中国人民谋幸福、为中华民族谋复兴确立为自己的初心使命。一百年来，中国共产党团结带领中国人民进行的一切奋斗、一切牺牲、一切创造，归结起来就是一个主题：实现中华民族伟大复兴。"

"为了实现中华民族伟大复兴，中国共产党团结带领中国人民，浴血奋战、百折不挠，创造了新民主主义革命的伟大成就"；"自力更生、发愤图强，创造了社会主义革命和建设的伟大成就"；"解放思想、锐意进取，创造了改革开放和社会主义现代化建设的伟大成就”；“自信自强、守正创新，统揽伟大斗争、伟大工程、伟大事业、伟大梦想，创造了新时代中国特色社会主义的伟大成就”。“中国共产党和中国人民以英勇顽强的奋斗向世界庄严宣告，中华民族迎来了从站起来、富起来到强起来的伟大飞跃，实现中华民族伟大复兴进入了不可逆转的历史进程”。

活动建议：安排系列线上免费观影，让广大同学在重温红色经典电影的同时，了解我们党艰苦卓绝的奋斗历程，学习优秀共产党员不畏艰难险阻、勇往直前的大无畏精神和高尚品格，从而树立振兴中华的伟大理想。推荐的红色经典电影有：《建党伟业》《建军大业》《建国大业》《古田军号》《遵义会议》《长征》《重庆谈判》《董存瑞》《雷锋》《焦裕禄》《钱学森》《铁人》《第一书记》等。

方案三：走进红色教育基地　汲取奋进力量

革命博物馆、纪念馆、党史馆、烈士陵园等是党和国家的红色基因库。传承红色基因重要的是引导青少年学生从中体悟中国共产党为什么“能”、马克思主义为什么“行”、中国特色社会主义为什么“好”，引导学生真正做到明理、增信、崇德和力行，努力成长为担当民族复兴大任的时代新人。

活动建议：将同学们参观革命博物馆、纪念馆、党史馆、烈士陵园等红色教育基地的观后感（也可以拍摄关于红色教育基地的短片或者拍摄照片做成电子相册等）进行评比，并选取部分作品在主题班会课上交流。

活动二：红色文化润“我”家

一、活动背景

党的十八大把全民阅读战略写进工作报告，全社会兴起了崇尚阅读、鼓励思考的新风尚。习近平总书记指出：“我们党的每一段革命历史，都是一部理想信念的生动教材。”“要讲好党的故事、革命的故事、根据地的故事、英雄和烈士的故事，加强革命传统教育、爱国主义教育、青少年思想道德教育，把红色基因传承好，确保红色江山永不变色。”用红色阅读活动创设书香家庭，激发浓厚的爱党爱国爱社会主义的热情。

二、活动目标

1. 通过阅读红色书籍、红色家书，了解先烈的信仰与思想、使命与担当，感受字句背后的精神和力量。

2. 认真汲取以雨花英烈为代表的中华优秀传统文化的思想精华和道德精髓，理解雨花英烈精神蕴含的“理想信念高于天”的信仰力量，加深对在党和人民伟大斗争中孕育的革命文化的理解、认识，自觉培育和弘扬家国情怀，树立和坚持正确的历史观、民族观、国家观。

3. 通过诵读红色书籍、撰写红色笔记、分享读书心得，让红色文化凝聚力量、穿越历史、照亮未来。

三、活动流程（以下方案可根据需要进行选择）

方案一：建立家庭图书角　开展红色阅读

借阅或购买红色书籍建立家庭图书角；在图书角摆放阅读资料夹，用以整理阅读资料、读后感、读书笔记等。

家庭成员各自制订读红色书籍的计划，认真做好文章摘抄，认真撰写有一定质和量的读后感。

方案二：追寻红色足迹　坚定社会主义道路

家庭成员开展亲子活动，以遗物、遗址等革命历史遗存与纪念场所等红色资源为载体，走进红色第二课堂，通过观看实物与图片、聆听讲解等方式，感受峥嵘岁月，补充红色营养。

方案三：创办红色论坛　交流学习体会

“一代人有一代人的长征，一代人有一代人的担当。”在红色阅读、追寻红色足迹的基础上，开展家庭读书心得交流会、参观红色基地感想会。通过学习交流，将红色文化以朴实的方式呈现出来，使家人深入了解马克思主义是如何传播的，深刻认识中华民族是如何站起来、富起来、强起来的，从而从历史这部最好的教科书中汲取智慧和力量，激发爱国报国的热情。

活动三：红色文化进社区，让社区更青春

一、活动背景

青年是社区生活中的重要群体。新时代我们青少年学生传承红色基因，应践行群众路线。联系街道或小区业委会，取得他们的支持，深入社区宣讲我们党从哪里来，往哪里去，让红色基因深深植根于居民心中；号召广大居民以更坚定的信心，以更昂扬的姿态，走好新时代的长征路。

二、活动目标

1. 通过多种渠道、多种方式让社区居民进一步认识党、了解党；感悟到革命先烈、英模人物的榜样力量。

2. 从雨花英烈、英雄模范人物身上感受到感天动地的精神、催人奋进的力量，传承红色基因，做到知史爱党、知史爱国。

3. 懂得红色基因是历史的积淀，是历史真正厚重之所在；自觉用红色文化“装扮”我们的社区。

三、活动流程（以下方案可根据需要进行选择）

方案一：讲红色故事

我们学习了雨花英烈的事迹，学习了中国共产党党史、中国革命史、中国近现代史的知识,我们要当红色宣传员,把“我们想讲的”故事变成“居民想听的”，把“居民想听的”故事融进“我们想讲的”，使我们讲的红色故事更加深入浅出、更加深入人心。我们可以采编当地人民投身中国革命、建设和改革发展伟大实践的红色故事，突出时代性和地域性。我们还可以广泛征集抗击新冠肺炎疫情的故事素材，讲好广大医务人员无私奉献的生动故事、讲好全国各地协同作战的感人故事、讲好社区群众团结奋战的动人故事，用鲜活事例和数据讴歌英雄们的故事，使爱党爱国爱社会主义成为广大居民的坚定信念和自觉行动。

方案二：唱红色歌曲

红色歌曲，记录了革命历史，饱含了革命理想，抒发了革命豪情。红色歌曲不但能净化我们的灵魂，还能教育我们热爱中国共产党和伟大的祖国,起到培根铸魂的作用。《歌唱祖国》《爱我中华》《我们走在大路上》《没有共产党就没有新中国》《十送红军》《我的祖国》……这些经典红色歌曲为广大社区居民所耳熟能详。同学们可以用大家喜闻乐见的“闪唱”等形式，以党史为脉络、以音乐为载体，让大家了解党团结和带领人民走向胜利的壮阔历史，激发居民的强烈共鸣和对党的感恩之情，唱响主旋律，传承民族魂。

方案三：展红色作品

红色作品蕴含的丰富精神和厚重内涵，给人以情感上的滋养、思想上的启迪、道德上的教育和价值上的引领，激发广大群众培养爱国之情、砥砺强国之志。由学校和社区联合征集建党以来反映国家、城市、社区过去发展记忆、新时代发展变迁、百姓脱贫致富等题材的书画摄影作品，进社区进行布展。学校和社区联合举办社区居民现场书法大赛，展出反映美好生活的诗词歌赋、楹联、名人名言等优秀作品，歌颂在共产党的领导下祖国举世瞩目的巨大成就。

后 记

为了深入挖掘雨花英烈精神及其时代价值，弘扬雨花英烈精神，引导广大青少年缅怀雨花英烈、重温革命传统、汲取精神养分、砥砺理想信念，从而进一步传承红色基因，中共南京市委宣传部、南京市雨花台烈士陵园管理局、南京市教育局组织编写了《传承——雨花英烈精神中学生读物》（南京市雨花台中学提供部分学生活动照片）。

本书的编写思路：将雨花英烈个体事迹与群体精神相结合；雨花英烈“两高一大”精神与具体事迹相结合；学生个体体验感悟与校级、班级以及家庭、社区群体实践相结合。全书分为三篇：上篇具体解读雨花英烈精神的内涵；中篇将雨花英烈“两高一大”精神分解为九个具体精神表现，每个具体精神表现按照“追忆雨花英烈”“解码红色基因”“传承英烈精神”三个部分详细阐释；下篇主要论述雨花英烈精神对于当代青少年学生的现实意义和价值。

本书作为中学生学习传承雨花英烈精神的教育读物，同学们在阅读中可以通过在图书馆查阅资料和在网络上搜索资料等途径，进一步了解英烈的更多事迹和更多的英烈，从而更全面、更深刻地认识和理解雨花英烈精神，树立革命英雄主义精神。学校在使用上应当引导学生通过自主阅读和个体活动，感悟雨花英烈精神，同时积极开展校级和班级群体实践活动，并引导学生组织或参与家庭、社区的实践活动，促进学生对雨花英烈精神的践行，有条件的学校可以利用该读物开设校本课程，系统培育学生对雨花英烈精神的传承。

编者

2021 年 8 月